Mediunidade
TIRE SUAS DÚVIDAS

Solicite nosso catálogo completo, com mais de 500 títulos, onde você encontra as melhores opções do bom livro espírita: literatura infantojuvenil, contos, obras biográficas e de autoajuda, mensagens espirituais, romances, estudos doutrinários, obras básicas de Allan Kardec, e mais os esclarecedores cursos e estudos para aplicação no centro espírita – iniciação, mediunidade, reuniões mediúnicas, oratória, desobsessão, fluidos e passes.

E caso não encontre os nossos livros na livraria de sua preferência, solicite o endereço de nosso distribuidor mais próximo de você.

Edição e distribuição
EDITORA EME
Avenida Brigadeiro Faria Lima, 1080 – Vila Fátima
CEP 13369-040 – Capivari-SP
Telefones: (19) 3491-7000 | 3491-5449
Vivo (19) 9 9983-2575 ☉ | Claro (19) 9 9317-2800
vendas@editoraeme.com.br – www.editoraeme.com.br

Luiz Gonzaga Pinheiro

Mediunidade
TIRE SUAS DÚVIDAS

Capivari-SP

© 1997 Luiz Gonzaga Pinheiro

Os direitos autorais desta obra são de exclusividade do autor.

A Editora EME mantém o Centro Espírita "Mensagem de Esperança" e patrocina, junto com outras empresas, instituições de atendimento social de Capivari-SP.

20ª reimpressão – maio/2024 – de 19.001 a 19.500 exemplares

CAPA | André Stenico
DIAGRAMAÇÃO | Marco Melo
REVISÃO | Editora EME

Ficha catalográfica

Pinheiro, Luiz Gonzaga, 1948
   Mediunidade – tire suas dúvidas / Luiz Gonzaga de Souza Pinheiro. – 20ª reimp. maio 2024 – Capivari, SP : Editora EME.
   192 p.

   1ª edição mai: 1997
   ISBN 978-85-7353-018-6

1. Mediunidade – Espiritismo.
2. Estudos espíritas sobre mediunidade

CDD 133.9

Dedicatória:

Dedico este livro a Romélia Dolores, na certeza de que não há como desvincular sua lembrança da cor do sol, do som do azul, nem da luz de todos os sonhos que sonhei e que ainda vou sonhar; e também a Odete Dias, minha mãe, agora trabalhadora no plano espiritual, de quem recebi a missão de jamais privar alguém de esperança, pois há pessoas para as quais ela é a única riqueza.

Luiz Gonzaga Pinheiro

"... toda vez que os homens se reúnem, há entre eles uma reunião oculta de simpatizantes de suas qualidades ou de suas imperfeições, e isso sem qualquer ideia de evocação."

O Livro dos Médiuns, questão 232,
Allan Kardec, Editora EME.

Sumário

Sobre o autor 11

Parte I
Introdução 15
O que é ser médium? 17
É perigoso ser médium? 19
É possível reconhecer um médium por sinais físicos? 21
A educação mediúnica pode efetuar-se em casa? 23
A mediunidade é um privilégio? 25
Será inconveniente desenvolver a mediunidade
    das crianças? 27
Qual seria o médium que poderíamos considerar perfeito? 29
Que duração deve ter um curso de educação mediúnica? 31
O médium deve trabalhar no carnaval? Semana santa? 34
O médium pode fumar? Beber? 36
O médium pode perder suas faculdades? 38
O que é um médium fascinado? 42
Existem médiuns ciumentos? 45
Existem fórmulas para acelerar a mediunidade? 48
O médium pode receber favores pelo seu trabalho? 51
As reuniões mediúnicas podem receber visitantes? 54
O médium pode alimentar-se de carne no dia da reunião? 57
O médium pode trabalhar em mais de um centro espírita? 60
As médiuns gestantes podem "receber" espíritos? 64
No período menstrual, a médium pode ir às
    reuniões mediúnicas? 66
Durante o transe mediúnico, o médium muda a voz?
    A caligrafia? 68
O meio exerce influência sobre o médium? 71

O médium pode fazer sexo no dia da reunião?...........................74
Existem passes mais eficientes que outros?............................78
É preciso que o passista tome passe para suprir o seu
  desgaste físico?..82
Qualquer médium pode falar ou escrever em
  outras línguas?..85
Jesus era médium?...87
Satanás comunica-se nas reuniões espíritas?.......................89
Os espíritos nos perseguem?...94

Parte II
Introdução..99
O centro espírita faz evocações dos mortos?.....................101
Os médiuns devem usar vestimentas ou
  símbolos especiais?..104
O médium deve revelar suas intuições durante a reunião?....107
Em reuniões desobsessivas, qual a prioridade:
  disciplina ou caridade?..109
Qual o número máximo de componentes em uma
  reunião mediúnica?..111
Quantas comunicações o médium deve permitir
  por reunião?..114
Em uma reunião mediúnica, os homens devem
  ficar separados das mulheres?......................................118
Que prejuízos podem causar a uma reunião mediúnica
  a ausência de um médium?...121
Todos os componentes de uma reunião mediúnica
  devem ter tratamento equânime?.................................124
Por que, em uma reunião mediúnica, um vidente
  observa um evento e outro não?..................................128
Um médium pode ser designado para receber
  determinado espírito?..131

A comunicação do mentor é sempre necessária
    na reunião?..134
Que dizer de médiuns que apenas recebem os mentores?......137
Na desobsessão, por que só o doutrinador fala?.......................140
Quanto tempo o doutrinador deve falar com
    cada comunicante?..143
Todo médium é anímico?...146
O livro de anotações é realmente necessário nas
    reuniões mediúnicas?..149
Há necessidade de água fluidificada, nas
    reuniões mediúnicas?..154
Médiuns ostensivos podem dirigir reuniões mediúnicas?......158
Médium obsidiado deve dar passividade?................................161
Um mesmo espírito pode comunicar-se em duas
    reuniões mediúnicas simultaneamente?.....................164
Um espírito pode simultaneamente psicografar por
    um médium e usar a psicofonia por outro?...............167
O médium, durante o transe, pode ficar desacordado?
    Levantar-se?..170
Em uma reunião mediúnica, um espírito pode falar
    um idioma e ninguém entendê-lo?..............................173
Constitui para o médium algum perigo visitar
    alienados mentais?...176
Um médium pode desencarnar por efeito de uma
    comunicação? No momento em que exerce a sua
    faculdade, o médium se acha em estado
    perfeitamente normal?..179
Na Bíblia, há casos de mediunidade?...183
Com que idade o médium deve deixar de trabalhar
    em reuniões mediúnicas?...187

Sobre o autor

LUIZ GONZAGA DE Souza Pinheiro nasceu em Fortaleza, no dia 2 de novembro de 1948 (Dia de Finados). Como ele costuma dizer, tinha mesmo que se comunicar com os "mortos", o que vem fazendo desde os dezoito anos de idade.

Profissionalmente, atua na área da Educação, há mais de 20 anos ensinando Ciências e Matemática aos jovens de sua terra.

É engenheiro pela Universidade Federal do Ceará, licenciado em Ciências e também nas disciplinas especializadas do ensino do 2º Grau, pela Universidade Estadual do Ceará.

De formação técnica, jamais se descuidou da angulação humanística, pois, sendo pesquisador por índole, invade todas as áreas do conhecimento em busca da verdade. Fundador de grupos de pesquisas espíritas, dirigente mediúnico, doutrinador responsável por duas reuniões semanais de desobsessão, Luiz Gonzaga não poderia deixar de ter expressiva bagagem de conhecimentos, que precisam ser expandidos a quem deles tem sede.

Luiz já não é mais aquele menino que, na "Mocidade Espírita Mário Rocha", aprendia e ensinava o evangelho às crianças.

Fascinado (no bom sentido) pela mediunidade, vem garimpando, desde jovem, as pérolas do saber espírita, sempre colocando Kardec em primeiro plano, como diz ele, o único que lhe cabe.

Sinto-me feliz em vê-lo fazendo palestras, dirigindo grupos, pesquisando sério e escrevendo livros, aliás, coisa que sempre fez.

Creio que já era tempo de seus livros mudarem a transparência dos vidros das livrarias com seu colorido suave.

E, se é que o conheço bem, ele não vai parar de escrever, nem com a desencarnação, trazendo a todos nós um pouco da verdade que encontrou.

Tudo que posso desejar é que Deus o assista, nessa missão de esclarecimento doutrinário que se impôs. E como quem acende qualquer fagulha é o primeiro a iluminar-se, que iluminado seja o seu esforço de renovação.

Alexandre Diógenes

Parte I

Parte 1

Introdução

POR MAIS DE vinte anos tenho escutado a conversação de leigos que chegam ao centro espírita, ávidos por soluções imediatas para seus problemas, carregando velhos hábitos de outras religiões, esperando que fórmulas mágicas lhes retirem a incômoda e persistente companheira a que chamam dor.

Eivados de dúvidas sobre a doutrina e esperando dela mudanças radicais em suas vidas, permanecem na busca externa até saber que o espiritismo é apenas o farol, o leme, e que os remos estão com cada um que, desperto, os acione, deixando as águas em tormentas, para atingir os mares e os portos desconhecidos, mas desejados. Aprendem a distinguir a inação de um mar morto das calmarias navegáveis e, mais que isto, que calmaria pode ser um fenômeno interno mesmo com exterior em guerra declarada: *"Não vim trazer a paz, mas a espada"*; *"Tome sua cruz e siga-me"*. São avisos de que os guerreiros não podem descansar, mesmo porque a ordem do dia é ainda vigiar e orar.

Enquanto se adaptam aos ensinamentos básicos da doutrina, perguntam, pesquisam, discutem, criticam. É o início de um novo estilo e o final da acomodação. Instruir-se e amar são imperativos novos, mas diretrizes rotineiras em uma casa espírita que desempenha com seriedade sua função. As suas perguntas mais constantes, as suas curiosidades mais imediatas são as expostas no roteiro deste livro. As questões aqui discutidas são, portanto, uma pesquisa e um resumo dos questionamentos que, nestes últimos vinte anos, mais estiveram em evidência, como centro de atenção e curiosidade sadia desses companheiros.

Creio que tais temas, lidos e discutidos à luz dos ensinamentos dos espíritos, coordenados por Kardec, muito auxiliarão na formação de uma mentalidade clara acerca da doutrina, afastando o misticismo e o fanatismo, frutos que não devem nascer na frondosa árvore do espiritismo.

Bom proveito na leitura.

Luiz Gonzaga Pinheiro

O QUE É SER MÉDIUM?

Toda pessoa que sente a influência dos espíritos, em qualquer grau de intensidade, é médium. Essa faculdade é inerente ao homem. Por isso mesmo, não constitui privilégio e são raras as pessoas que não a possuem, pelo menos em estado rudimentar. Pode-se dizer, pois, que todos são mais ou menos médiuns. Usualmente, porém, essa qualificação se aplica somente aos que possuem uma faculdade mediúnica bem caracterizada, que se traduz por efeitos patentes de certa intensidade, o que depende de uma organização mais ou menos sensitiva.

O Livro dos Médiuns – **Allan Kardec**
(Cap. XIV, questão 159)

TODA PESSOA QUE sente a influência dos espíritos é médium, diz Kardec. Em *O Livro dos Espíritos*, afirma-se que todos nós somos praticamente dirigidos pelos desencarnados. Daí a conclusão de que todos somos médiuns, em maior ou menor intensidade. Contudo, vastas populações desconhecem tais conceitos, por professarem religiões dogmáticas e de conteúdo, embora respeitável, destituído da pura essência informativa, no que se refere à atividade do espírito, fruto do harmonioso intercâmbio com os irmãos do além-túmulo. A morte, o pós-morte, a vivência e a ambiência espirituais, fatores de suma relevância para o viajante que deixa o arcabouço celular, são itens de somenos importância para tais religiões, razão pela qual seus adeptos aportam no mundo invisível com incredulidade e espanto a tudo que assistem, quais estrangeiros deportados a mundo estranho e desconcertante. Educar-se em vida para entender a morte é obrigação prioritária dos adeptos de todas as religiões que tomaram como modelo aquele que venceu a morte, reaparecendo a seus irmãos para confirmar a sobrevivência e a individualidade do espírito após o desenlace da matéria.

Se existe sobrevivência e lucidez além da morte, fatores que determinam a individualidade, o que impede ao espírito de comunicar-se com os que ficaram e aos quais ama ou odeia? Apenas a falta de um meio de comunicação, diremos. Quando estamos em outro país, usamos a carta, o telegrama, o telefone, um recado para quem quer nos encontrar. Por que haveria de ser diferente para quem está no país dos espíritos? Os mesmos métodos são usados. O médium, pela sua condição de paranormalidade, de antena receptora e transmissora devidamente preparada para tais comunicações, é o telefone, o telex, o amigo que vai nos encontrar. O desencarnado, então, usando de suas faculdades, fala, escreve, transmite a emoção que a saudade teceu.

Mas nem todos somos médiuns ostensivos. É então que, durante o sono, reencontra-se a família, abraçam-se os amigos, são abençoados os filhos. Durante a vigília, os chamados mortos seguem os vivos, instruindo-os, incentivando-os, e, às vezes, infernizando-lhes a existência. Ser médium é, portanto, receber influenciações. O que fazer dessas influenciações já é um outro capítulo, que somente o discernimento pode lecionar.

É PERIGOSO SER MÉDIUM?

A faculdade mediúnica é indício de algum estado patológico ou simplesmente anormal?
– Às vezes anormal, mas não patológico. Há médiuns de saúde vigorosa. Os doentes o são por outros motivos.

O Livro dos Médiuns – Allan Kardec
(Cap. XVIII, questão 221, § 1)

MUITAS PESSOAS FAZEM alusão à mediunidade, mencionando-a como geradora de distúrbios psíquicos variados, vendo, portanto, os médiuns como criaturas lunáticas, ingênuas, fanatizadas ou influenciadas por espíritos maléficos.

A mediunidade jamais funciona como fator causal de qualquer enfermidade. Mesmo na loucura, cujo início foi o eclodir de uma mediunidade atormentada, as causas são os fatores físicos e morais do enfermo que, diante da lei, se colocou como infrator. Acusar a mediunidade de geradora de males, qual se ela fosse micróbio patogênico, é trazer de volta a pseudomedicina dos que jamais adentraram o laboratório da alma. Aqueles que veem perigo na mediunidade ou são desinformados ou agem de má fé. Os primeiros, necessitados de estudo, e os demais, geralmente movidos pelo orgulho e fanatismo, estes, sim, agentes virulentos de larga patogenia.

Podemos considerar a mediunidade como fator concorrente de algum desequilíbrio espiritual, quando esta não se subordina aos ditames evangélicos e espíritas. O médium, ostensivo ou não, é o livre construtor da sua enfermidade. Culpar o espiritismo pela fragilidade dos seus adeptos é a posição simplista dos que não admitem argumentos para justificar a coerência e a excelsitude dessa doutrina. Esses tais combatem as ideias espíritas pelo orgulho de não se admitirem pequenos ante a evolução ou pela acomodação que lhes entrava a pesquisa libertadora. Atacam a doutrina da caridade justamente porque desconhecem tal virtude, esquecidos de que as ideias só podem ser combatidas ou suplantadas por outras ideias mais dignas e mais nobres, situação que não existe desvinculada da caridade.

Diante da afirmativa que a mediunidade gera a loucura, perguntamos: por acaso não adoecem os médicos? Não enlouquecem, eventualmente, os adeptos de todas as religiões, ocasião em que muitos são "curados" pelo espiritismo? Não vivemos em um mundo onde a dor é generalizada e visitante costumeira de todos os templos?

Nenhum perigo há, portanto, no exercício da mediunidade, desde que educada nos princípios da ciência espírita e da moral evangélica. Evitá-la por medo de sofrer, tentar bloquear-lhe o fluxo por receio do contato com os irmãos enfermos ou obsessores, é demonstrar despreparo e insensibilidade diante da dor alheia, com a qual estamos comprometidos no exercício da enfermagem. Temer os espinhos significa afastamento das rosas. Estejamos certos de que, sendo a mediunidade concessão divina apesar de nossos grandes débitos, Deus, que a concedeu e que nos ama, nos fortalecerá sempre, para que a apliquemos com amor e perseverança. Confiemos. No barco da vida, Jesus é o timoneiro; e não nos consta que ele desconheça o rumo das estrelas, por ser sempre o *Caminho*, a *Verdade* e a *Vida*.

É POSSÍVEL RECONHECER UM MÉDIUM POR SINAIS FÍSICOS?

Quando o princípio ou germe de uma faculdade existe, ela se manifesta sempre por sinais inequívocos. Limitando-se à sua especialidade, o médium pode aprimorá-la e obter bons resultados.

O Livro dos Médiuns – Allan Kardec
(Cap. XVI, questão 198)

NA MINHA VIVÊNCIA no trabalho desobsessivo, sou procurado com frequência por pessoas angustiadas, depressivas e, às vezes, até portando alucinações, dizendo-se médiuns, havendo recebido esta informação de leigos ou mal informados, que justificam suas afirmativas em caracteres físicos, notadamente uma pequena saliência na parte parietal do crânio. Pergunto-lhes sempre: *Veem os espíritos? Escutam-nos? Sentem-lhes a presença?* Quase sempre a resposta é negativa, sendo apenas tais irmãos portadores das aflições comuns do cotidiano de um mundo de provas e expiações.

Através de comparações anatômicas ou fisiológicas efetuadas entre um médium ostensivo e outro não ostensivo, dificilmente encontraríamos alguma prova identificada que pudéssemos tomar como referencial classificatório para algum tipo de manifestação mediúnica.

O fenômeno mediúnico tem sua sede no perispírito, com seus efeitos extrapolados ao corpo físico. Por ocasião do reencarne ou depois, quando haja interesse ou oportunidade, os técnicos espirituais imprimem no perispírito do candidato ao mediunismo, modificações que o tornarão hipersensível no trato com os irmãos desencarnados, registrando-lhes a presença, a influência e a ação. Os sinais particulares, que poderiam servir como referencial para uma identificação da presença da mediunidade ostensiva em determinado indivíduo, localizam-se no perispírito, região ainda inacessível à aparelhagem científica terrena. Inútil, portanto, tentar detectar uma faculdade psíquica por meios físicos. Nenhum sinal particular, em nenhuma região do corpo físico, é capaz de atestar a presença da faculdade mediúnica. Somente a confirmação de espíritos sérios, a observação e estudos perseverantes podem fornecer subsídios para um diagnóstico confiável.

Em casos tais, há de se analisar e questionar de maneira não precipitada, a fim de não levar à mesa mediúnica atormentados mentais ou enfermos psíquicos. A mediunidade costuma expressar-se de variadas maneiras em sua eclosão, razão pela qual são indispensáveis o estudo detalhado e a prudência, para que os neuróticos e psicóticos não sejam tomados como médiuns ou que médiuns em eclosão mediúnica não sejam aconselhados a uma visita ao psiquiatra.

Diante da dor do homem comum, saibamos que ele é um médium pois sofre influenciação. Mas é imperioso saber se essa influência pode ser contabilizada à conta de mediunidade ostensiva a transformar-se em trabalho e assistência, regras áureas na medicina do amor, o que não se obtém pela análise física.

A EDUCAÇÃO MEDIÚNICA PODE EFETUAR-SE EM CASA?

Outro meio que pode também contribuir poderosamente para o desenvolvimento da faculdade consiste em reunir um certo número de pessoas, todas animadas do mesmo desejo e da mesma intenção. Todas, guardando absoluto silêncio, num recolhimento religioso [...] Fácil compreender o que se passa nessa circunstância. As pessoas unidas por uma mesma intenção formam um todo coletivo, cujo poder e cuja sensibilidade aumentam por uma espécie de influência magnética que auxilia o desenvolvimento da faculdade.

O Livro dos Médiuns – Allan Kardec
(Cap. XVII, questão 207)

TODO RELIGIOSO DEVE estar vinculado ao seu templo de trabalho ou oração. O homem é um ser aberto e social, necessitando e alimentando-se psiquicamente das emanações daqueles que lhe são afins. O espírita não foge à regra. Deve vincular-se a um centro espírita, onde o estudo e o trabalho lhe provarão o ânimo e a coragem, tornando-o fiel ou à doutrina ou às suas paixões.

As condições de um templo espírita em muito diferem das condições domésticas, sendo a atmosfera daquele preparada pelos mentores espirituais, enquanto a do lar, embora respeitável, é, quase sempre, carente de operários especializados, aparelhagem técnica e ambiência indutora para a produção dos fenômenos. No centro espírita, comungam dos mesmos objetivos aprendizes encarnados e técnicos desencarnados, que, pelo somatório dos desejos, uns de aprender, outros de ensinar, formam o clima psíquico favorável à eclosão mediúnica, a qual é submetida às técnicas de manifestações crescentes e confiáveis. Aliado a todo esse preparo, os mentores espirituais se manifestam oferecendo conselhos oportunos, exaltando a disciplina e a perseverança, o orar e o vigiar. Ressalte-se que o estudo em grupo é sempre muito mais rendoso pelas diferentes interpretações e complementações dos participantes, bem como pela vibração dos aprendizes desencarnados que igualmente participam dos cursos nos centros espíritas. Além desse trabalho técnico da educação da mediunidade, os centros espíritas oferecem outras opções de educação da sensibilidade, tais como os trabalhos assistenciais de variável gama, que funcionam como complementação da mediunidade.

No lar, as opções são mais restritas e, muitas vezes, desanimadoras. Mistificações podem ser aceitas como orientações salutares e antigos obsessores podem aproveitar o treinamento para ameaças ou agressões. Mesmo que o lar seja harmonioso, a educação mediúnica deve restringir-se ao templo espírita, salvo raras exceções, quando o psicógrafo possa treinar alguns minutos no recolhimento do santuário doméstico, acompanhado do seu espírito guardião, ou quando, por motivo superior, sua presença no centro espírita é impossibilitada.

A MEDIUNIDADE É UM PRIVILÉGIO?

Sempre se disse que a mediunidade é um dom de Deus, uma graça, um favor divino. Por que, então, não é um privilégio dos homens de bem? E por que há criaturas indignas que a possuem no mais alto grau e a empregam no mau sentido?

– Todas as nossas faculdades são favores que devemos agradecer a Deus, pois há criaturas que não as possuem. Podias perguntar por que Deus concede boa visão a malfeitores, destreza aos larápios, eloquência aos que só a utilizam para o mal.
Acontece o mesmo com a mediunidade. Criaturas indignas a possuem porque dela necessitam mais que as outras, para se melhorarem.

O Livro dos Médiuns – **Allan Kardec**
(Cap. XX, questão 226, § 2)

BEM TOLO É o que assim pensar, ou ousar fazer da mediunidade objeto de suas satisfações pessoais. A mediunidade indica, quase sempre, pesados títulos a resgatar, através das moedas do esforço e do aprimoramento colocadas a favor do próximo, quando o devedor se exime das angustiantes promissórias que o chumbam à retaguarda. Admitir a mediunidade por outro prisma é resvalar no orgulho, tropeçar na vaidade e cair no fracasso. É sabido que Deus fornece aos devedores valorosos empréstimos, que, aceitos e cultivados, representam a chave das algemas com as quais se imantam. A doença representa, não raro, a visita de Deus aos nossos sítios ou a resposta a nossos pedidos de saúde espiritual. A dor física ou moral, criação nossa, há de sempre retornar aos nossos caminhos, no serviço de terraplenagem para rumos mais altos. A mediunidade representa a oportunidade santa para um acerto de contas com a vida, ocasião em que deve funcionar como um buril nas mãos hábeis do escultor. Necessário é que se entenda que não há privilégios na lei divina. Recebe-se o que foi doado. A vida traz de volta aquilo que se lhe oferta. Considerar o médium como um predestinado, privilegiado ou santo, é desconsiderar a justiça divina, que pugna pela equidade. Devemos, antes de tudo, entender o médium como aquele que tenta resgatar uma hipoteca de avultada quantia, razão pela qual necessita de apoio e compreensão. Tecer-lhe elogios, antecipar-lhe os primeiros lugares, buscá-lo em consultas vulgares é colocar-lhe graxa aos pés.

Diante do companheiro que usa a intermediação com o invisível, destacando os interesses mundanos ou pessoais, há de se lamentar o desvio da função, o tempo desperdiçado, o agravamento da dívida. Ninguém que mercadeje os talentos divinos fica sem a resposta da dor. E a resposta da dor é a que todos conhecemos pelas nossas incoerências e desvios nas propriedades da alma. Bons e maus médiuns existem nas incontáveis atividades humanas. Todavia, resgata-se o mal praticado pelo bem operado, o ódio curtido pelo amor vivido, o trabalho negado pelo esforço dobrado. Mediunidade não é privilégio. Privilégio é trabalhar e sofrer por amor a Jesus Cristo, como afirma o iluminado mentor Emmanuel.

SERÁ INCONVENIENTE DESENVOLVER A MEDIUNIDADE DAS CRIANÇAS?

– Certamente. E sustento que é muito perigoso. Porque esses organismos frágeis e delicados seriam muito abalados e sua imaginação infantil muito superexcitada. Assim, os pais prudentes as afastarão dessas ideias ou, pelo menos, só lhes falarão a respeito no tocante às consequências morais.

O Livro dos Médiuns – **Allan Kardec**
(Cap. XVIII, questão 221, § 6)

NÃO HÁ LIMITE etário para o surgimento da mediunidade. Ela pode tornar-se evidente em crianças de tenra idade que se assustam com os cenários perturbadores que percebem e até nas últimas visões do moribundo, quando se sente visitado e amparado por familiares que já não pertencem ao nosso plano. A este, o estado particular de fragilidade nos liames que prendem o perispírito ao corpo faculta maior percepção do plano espiritual. Àquelas, são processos obsessivos ou não que, diante da espontaneidade das suas faculdades, se apresentam com clareza meridiana.

Os espíritos que, em suas vidas passadas, hajam educado as faculdades mediúnicas, podem ao reencarnarem conservá-las com bastante lucidez, desde os primeiros anos da nova etapa de vida. Isso é mais comum com a vidência e com a audiência, por seus sistemas físicos já se encontrarem aptos, o que não ocorre com a psicografia ou a psicofonia, processos por demais complexos para um corpo ainda sem o domínio das funções exigidas para a manifestação desse caráter.

Alguns, depois de uma dezena de anos ou mais em atividades mediúnicas, é que amadureçam para o intercâmbio mais direto com os desencarnados. Tudo depende do planejamento do reencarne e do esforço no aprimoramento e nos estudos efetuados pelo aprendiz. O certo é que não há uma idade padrão para o surgimento e consequente educação da mediunidade, pelo simples fato de cada espírito trazer bagagens e amadurecimento diferentes.

Se o centro espírita quisesse estabelecer normas, teriam que ser regidas pelo desenvolvimento físico e psíquico do candidato, variáveis nem sempre fáceis de detectar. É aconselhável, todavia, o acesso às mesas mediúnicas de jovens com comprovado preparo para a missão a que se submetem. Negado deve ser o ingresso de crianças e adolescentes em sua fase inicial, por lhes faltarem, geralmente, os conhecimentos e as condições adequadas à empreitada, cujo risco e responsabilidade devem estar à altura de quem os possa suportar.

Casos de mediunidade precoce não são comuns, constituindo-se antes numa exceção, pois, no dizer evangélico, Deus, quando nos coloca um fardo nos ombros, é porque podemos suportá-lo.

Uma fruteira não frutifica fora da estação. Que se deem às crianças os ensinamentos espíritas, para que pautem suas vidas segundo a moral cristã. E que se lhes destine um lugar junto à mesa, se a ocasião exigir tal providência, quando souberem canalizar suas energias e conhecimentos para o trabalho de desprendimento, na divina enfermagem mediúnica.

Qual seria o médium que poderíamos considerar perfeito?

– Perfeito? É pena, mas bem sabes que não há perfeição sobre a Terra. Se não fosse assim, não estarias nela. Digamos antes bom médium, e já é muito, pois são raros.
O médium perfeito seria aquele que os maus espíritos jamais ousassem fazer uma tentativa de enganar. O melhor é o que, simpatizando somente com os bons espíritos, tem sido enganado menos vezes.

O Livro dos Médiuns – Allan Kardec
(Cap. XX, questão 226, § 9)

– QUAL O médium com o qual trabalha que você considera perfeito? – Foi uma pergunta ingênua de um novato, dirigida a um aprendiz mais velho.

Apesar de Jesus aconselhar-nos à perfeição do Pai celestial, sabemos que muitos séculos se dobrarão no livro do tempo até que possamos atingir estágios de perfeição em nosso trabalho. Todavia, somos espíritos em aperfeiçoamento. Hoje melhor que ontem, e amanhã melhor que hoje. É a tão comentada lei evolutiva, particularizada por Kardec no prisma do amor e da instrução.

A busca da perfeição tem angulações infinitas. É regar o solo sem maldizê-lo. Buscar a luz do conhecimento. Defender a vida, amar a verdade, cultivar o simples, ter mãos que sempre auxiliam... mesmo quando elas não estejam nos braços. Demorar-se em uma dessas veredas é apenas lapidar uma face das outras mil que possui a perfeição. Querer conquistá-las todas de uma vez é afastar-se da sabedoria pela viela da insensatez. A perfeição é fruto dos milênios. Forjada na dor, na bravura, assenta-se na paciência, sustentada nas pilastras da ciência e do amor, que igualmente se diversificam em miríades de virtudes. Quem trabalha ama. Quem caminha ama. Tudo depende da finalidade com que se opera.

No entanto, no campo mediúnico, buscar a perfeição relativa aos limites físicos e psíquicos de cada um é imperativo de urgência, que se traduz em bom senso, quando se observa a exiguidade do tempo que flui sem retorno no relógio da vida. Herdeiro de volumosos débitos, recebe o espírito a faculdade mediúnica para que possa resgatar, através do trabalho incessante, as dores e agressões por ele cometidas, e que, por misericórdia divina, não necessitam ser pagas pela mesma moeda da violência, mas pelo esforço de promoção no meio em que habita. Falamos *meio em que habita*, pois a mediunidade não pode nem deve ser exercida somente nos centros espíritas. O transe mediúnico, sim, necessita do preparo e do reconhecimento de um templo sério.

Mas mediunidade é palavra de largo espectro. Inicia-se na reforma íntima, passa pelo estudo disciplinado e tem aplicação em todos os instantes e situações da vida. É o passe, a prece, a visita ao enfermo, o conselho, o incentivo, o sorriso, a dor... a dor que, por ser silenciosa, não externa a lágrima no cenário do mundo, porquanto é estancada muitas vezes, antes de molhar os olhos, pelas mãos amorosas e vigilantes daqueles que nos amparam.

E se, assim procedendo, o médium julgar-se perfeito, reflete apenas o que não é, pelo que julga ser. Julgar-se perfeito é um sinal vermelho a indicar obsessão à vista.

Médiuns perfeitos não os encontraremos entre nós. Cabe-nos lutar para sermos menos imperfeitos a cada ação. E isso é o abençoado fruto da boa vontade de cada aprendiz.

Que duração deve ter um curso de educação mediúnica?

> *Se, apesar de todas as tentativas, a mediunidade não se tiver revelado de maneira alguma, é necessário renunciar a ela, como se renuncia a cantar quando não se tem voz.*
>
> O Livro dos Médiuns – Allan Kardec
> (Cap. XVII, questão 218)

EM PRIMEIRO LUGAR, é necessário que se entenda que a educação mediúnica não se faz em uma única encarnação. Após o seu desabrochar, inicia-se o seu processo educativo mais intenso, curso onde não há férias e raramente algum lazer.

Refiro-me aos cursos ministrados pelos centros espíritas de onde, após uma fase teórica de geralmente seis meses a um ano, se encaminha o aprendiz com sintomas de mediunidade ou não para uma mesa mediúnica. A partir daí, quando ele se exercita através da teoria e da prática, em contato direto com a fenomenologia mediúnica, é que considero curso de educação da mediunidade. Ocorre que em muitos centros espíritas esse curso não tem duração definida, permanecendo o aprendiz, em insistência cansativa, a ocupar o lugar de outro mais necessitado, à medida que os anos passam sem que a sua mediunidade apresente características ostensivas. Sob a alegação de que ele se tornou um trabalhador da casa, que é ótimo passista, que sustenta a vibração ou que pode melindrar-se se convidado a exercer outras atividades na seara, o dirigente da reunião não se anima a substituí-lo por outro mais carente de exercício, desvirtuando assim as características da reunião, quais sejam, a de educar e promover o aprendiz às turmas desobsessivas, obedecendo a uma rotatividade exigida pela procura incessante de tais préstimos.

Tanto é necessário que o aprendiz tenha a consciência da sua responsabilidade no ato de educar-se, quanto o dirigente deve se revestir de lucidez para determinar um ponto limite aos aprendizes, no estágio planejado para aquele curso. Não se retém um aluno no primário, quando ele já pode ser promovido a grau maior. A repetição seguida e sem sucesso de um mesmo curso aconselha mudança de rumo. Estacionar ou permanecer em trabalho incompatível com as nossas aptidões significa produzir menos por nós próprios e pelo grupo em si. Um outro aprendiz que venha a substituir o inadaptado, não impulsionaria ali novo progresso?

Aconselhamos que o curso de educação mediúnica tenha a duração de um ano. Durante esse período, as admissões não devem acontecer, pelo prejuízo que terá o solicitante, na teoria e prática já ministradas, bem como pela desarmonia que causará um elemento estranho a um grupo que já possui certo embasamento na área afetiva. Terminado esse período, os médiuns adestrados devem ocupar assento nas reuniões de comunicação com o plano espiritual, e aqueles cujos esforços não lograram algum tipo de manifestação ostensiva da mediunidade devem participar de outras tarefas, igualmente úteis e importantes no contexto do centro espírita.

Esse proceder permite o atendimento a médiuns deseducados que buscam a casa espírita e faculta, em sua rotatividade, a formação de trabalhadores em áreas específicas, acomodando os operários segundo suas propensões naturais, possibilitando-lhes ascensão funcional, que neste caso é apenas tomar a si maior cota de responsabilidade, a qual, contudo, não se firmará no caráter do educando, se com isto ele se sentir orgulhoso. Em mediunidade, estejamos cientes, a humildade é diretamente proporcional ao bom desempenho do aluno.

O MÉDIUM DEVE TRABALHAR NO CARNAVAL? SEMANA SANTA?...

Mas onde a influência moral do médium se faz realmente sentir é quando este substitui pelas suas ideias pessoais aquelas que os espíritos se esforçam por lhe sugerir.

O Livro dos Médiuns – **Allan Kardec**
(Cap. XX, questão 230)

O MÉDIUM JAMAIS deve parar de trabalhar. Impor obstáculos ao serviço é tentar bloquear o rio da vida que jamais se detém. Jesus trabalhava incessantemente, a exemplo do nosso Pai celestial. Por que, então, cerrar as portas do centro espírita em qualquer feriado? Aguardam as doenças para surgirem após o feriado? A obsessão faz intervalos de recreio? Os suicídios evitam festividades? A caridade deve adormecer em tais ocasiões? Se a caridade adormece, multiplica-se o desespero e a agonia nos corações. Certos espíritos sentem uma necessidade muito grande de férias e descanso. Adoram as praias, as casas de campo, as viagens demoradas, o repouso ou lazer, como costumam chamar. Aceito o argumento de que o lazer é uma necessidade para alguns, mas não aceito o afastamento continuado das tarefas, quando o medianeiro se comprometeu moralmente com elas. Ausentar-se do trabalho a cada feriado que apareça é priorizar o descanso. Quem valoriza mais os passeios que o trabalho não aprendeu ainda a construir as riquezas do espírito. Não é o trabalho símbolo da prosperidade? Não é este que exercita músculos e mente pelo uso dos dons que nos foram confiados?

Observando-se a atividade de espíritos tais como Bezerra de Menezes, Emmanuel, André Luiz, constatamos a dinâmica com que constantemente operam, principalmente no carnaval e outras festividades, quando as desencarnações e as obsessões recrudescem. Se pudéssemos acompanhar suas vozes por anos a fio, a palavra *lazer*, vinculada a qualquer de suas atividades, no sentido que lhe atribuem os turistas, jamais seria pronunciada. Para tais operários, o lazer é o trabalho e só neste se sentem bem. Pode-se argumentar que já são evoluídos, e que, quanto mais evoluído o ser, mais o trabalho lhe é vital. Ao se afirmar isso, é o mesmo que confirmar como somos ou estamos ainda inferiorizados, e, portanto, pela lógica, mais necessitados de trabalho.

Se o trabalhador é digno do seu salário, este jamais lhe será subtraído. Mas se ele não valoriza, pela perseverança e boa vontade, a função que lhe cabe desempenhar, será responsabilizado pela monotonia e baixa produtividade, o que repercute inquestionavelmente no salário.

A mediunidade não exige o concurso dos santos. Mas de trabalhadores conscientes que, vivendo no mundo, não se afastem dele nem de suas obrigações, para provar a si ou a outrem a resistência às tentações. Admitamos o que somos e mudemos para melhor, se este é o caso, uma vez que certas desculpas podem convencer aos circunstantes, sem, contudo, serem aceitas por nossa consciência.

Consultemos o espelho de nossas mentes, cofres dos nossos tesouros e desdouros, e estejamos certos de que é inútil ao abutre pintar de branco as penas: se um dia bate o sol, no outro chove.

O MÉDIUM PODE FUMAR? BEBER?

De maneira geral, pode-se afirmar que os espíritos similares se atraem, e que raramente os espíritos das plêiades elevadas se comunicam por maus condutores, quando podem dispor de bons aparelhos mediúnicos, de bons médiuns, numa palavra.

O Livro dos Médiuns – **Allan Kardec**
(Cap. XX, questão 230)

FUMAR OU BEBER não constituem necessidades básicas para o homem. Antes, são fatores de decadência orgânica e moral, quando o excesso passa a dominar o que era moderação. O homem que sente a necessidade de um vício, quando este lhe subtrai cotas de fluidos vitais a troco de uma calma ilusória ou euforia efêmera, ainda precisa educar-se emocionalmente para superar as frustrações ou enfrentar situações rotineiras, sem imaginar a fuga como solução. Diz-se que o mal está no excesso. Mas o excesso é relativo a cada indivíduo. Para alguns, uma simples dose é excessiva. Para outros, uma garrafa é suportável. O que toma uma dose para almoçar, repete o gesto sete vezes por semana, trezentos e sessenta e cinco dias por ano. Estará tal quantidade alcoólica compatível com os padrões orgânicos? E quando a droga causa dependência? E quando deixa no indivíduo fluidos que podem ser transferidos a outrem? E quando submete certos órgãos a uma sobrecarga de trabalho? E quando alimenta a morbidez, a violência?

Atrás da afirmativa de que o mal está no excesso, falso atenuante para amenizar a acusação da consciência, esconde-se extenso rol de argumentos que a desmentem na maioria das ocasiões. Explico pelo enfoque mediúnico, cuja abordagem nos lembra, de imediato, as companhias espirituais que atraímos e cultivamos pelos pensamentos e ações. Falo do passista, que poderá inverter o processo curativo, quando, pelo uso do livre-arbítrio, houver tomado uma única dose no dia do seu trabalho espírita. Comento pelo trabalhador da mediunidade, a exigir dos técnicos espirituais extensos labores para higienizá-lo, e pelo tratamento inadequado ao enfermo carente de fluidos vitais assepsiados, quando os recebe mesclados de substâncias tóxicas. Interpreto pelo doutrinador, desarmado ante a ofensiva do obsessor ao lembrá-lo da sua impotência diante do vício. Critico pela falta de bom senso, quando, conhecendo o suicídio involuntário, tais usuários de venenos a conta-gotas nada fazem para afastá-los dos roteiros cármicos a que se vinculam.

Se alguns consideram "chique" tomar uma bebida ou fazer-se de chaminés ambulantes, é um direito a que podem recorrer. Todavia, como atrelado a cada direito existe um dever, é útil lembrar o dever da conservação do corpo, que se desgasta a cada gole ou baforada. O problema é, pois, de conscientização. Sendo a sala mediúnica local de terapia intensiva, aquele que não se encontra em condições de nela operar que se abstenha de contaminá-la. Nesse caso, não atrapalhar já é ajudar. E, se alguém entrar no recinto eivado de fluidos densos provindos do vício social do tabagismo, do alcoolismo e do pensar desregrado, que se prepare para enfrentar pesados débitos contabilizados em seu nome, nublando-lhe o futuro, a prenunciar temporais com acidentes.

Cuide-se o desatento! O tempo, que tece a vida, não costuma esquecer os infiéis, nem ser ingrato aos que lhe honraram com a fidelidade.

O MÉDIUM PODE PERDER SUAS FACULDADES?

– Isso acontece com frequência, qualquer que seja o gênero da faculdade. Mas quase sempre, também, não passa de uma interrupção momentânea, que cessa com a causa que a produziu.

O Livro dos Médiuns **– Allan Kardec**
(Cap. XVII, questão 220, § 1)

QUALQUER MÉDIUM PODE ter a ostensividade mediúnica suspensa temporariamente, ou mesmo em definitivo, a depender das suas condições físicas e morais. Geralmente, os motivos que o obrigam à inatividade na mesa, pois a mediunidade pode ser exercitada em atos fraternos exteriores à sala mediúnica, são os seguintes:

- Problemas de saúde.
- Mau uso da faculdade.
- Obsessão.
- O teste da perseverança.
- Parada para reflexão.
- Inacessibilidade ao centro espírita.

Problemas de saúde. A mediunidade requer, como qualquer outra atividade, um organismo sadio para o seu desempenho. Mentes frágeis e impressionáveis, corpos sem vitalidade geralmente não se adaptam à mesa dos trabalhos, por exigir esta que o intermediário, na sua atuação de enfermeiro, doe do seu fluido vital, ao mesmo tempo que suporte a carga emocional de quem o busca. Mediunidade é esforço e sacrifício.

Aquele que, por sua debilidade, não consegue empreender o esforço e, por sua constituição orgânica não suporta o sacrifício, é levado a uma suspensão temporária ou definitiva até que se recupere. Se a debilidade orgânica é causada por qualquer tipo de desregramento, a suspensão toma o caráter de punição, pois o operador tornou-se não-confiável, invertendo-se a sua posição de enfermeiro a paciente, como mandam as regras disciplinares.

Mau uso da faculdade. Se o medianeiro não consegue atuar orientando-se pelos postulados espíritas e evangélicos, se menospreza as virtudes fazendo culto à irresponsabilidade e cobiça, vulgarizando a sua faculdade em intercâmbio incompatível com as regras do bem, seu anjo guardião e seus amigos, que tudo fizeram para orientá-lo, podem decidir por uma suspensão da faculdade ou por deixá-la permanecer a serviço dos seus interesses, em conluio com seus sequazes, para que ele decida, pelas dores que trará a si, por um retorno às trilhas da dignidade. Ocorre, às vezes, que o médium sofre a suspensão da mediunidade e, por orgulho ou interesse, passa a mistificar dizendo-se porta-voz dos espíritos via mediunidade ostensiva, quando na realidade encena, praticando o simples mediunismo não ostensivo a que todos nos vinculamos. Nesse caso, ele é apenas um farsante e como tal deve ser tratado.

Obsessão. Pode ocorrer que o médium, em plena atividade na casa espírita, venha, por invigilância, a tornar-se vítima de um obsessor. Isso é tão comum que tenho assistido a muitos eventos dessa natureza. Como a regra geral é o médium obsidiado não dar passividade, este afasta-se dos trabalhos, permanecendo, quando a obsessão não lhe privou da lucidez nem da vitalidade, na subcorrente, sob a orientação do doutrinador e dos espíritos amigos. O período de tempo em que a suspensão persiste varia conforme a gravidade do caso.

Uma trabalhadora em exercício mediúnico ativo vinculada a nossa casa espírita reencontrou antiga rival desencarnada, que passou a assediá-la, dando origem a violento processo obsessivo, o qual determinou a suspensão da mediunidade por dois anos seguidos. Superado o processo, voltou à atividade normal, com mais eficiência e responsabilidade. Em se tratando de obsessões, nem o tempo na doutrina, nem o cargo ou função são capazes de livrar o seareiro de tal tropeço; apenas a sua autoridade moral o fará.

O teste da perseverança. Perseverança quer dizer *persistência.* Quem não se decide por um caminho ou ideal, quem é portador de ideias flutuantes, ou seja, o que vacila e muda conforme os ventos, não está apto ao exercício mediúnico. O Evangelho é claro: *"Sim, sim; não, não; tomar o arado e não olhar para trás; fidelidade no pouco e no muito".* Não se é espírita quando se duvida da espiritualidade. Não se é médium quando se é incerto na mediunidade. Pode suceder, então, ao aprendiz vacilante, menos assíduo, apático, cheio de questionamentos acerca da sua própria faculdade, que uma suspensão, para que estude e se defina como espírita, seja uma necessidade. O retorno da faculdade condiciona-se, então, à sua afirmação, dado que, para o exercício de qualquer função cuja especificidade seja definida, se exige que o operador seja qualificado e treinado no serviço.

Parada para reflexão. Às vezes, o médium surpreende-se diante de problemas financeiros, domésticos, emocionais, que lhe tiram a paz íntima, necessária ao desempenho da mediunidade. Como auxiliar o que sofre, se no momento ele parece sofrer mais? Como demonstrar fortaleza, se a fragilidade é por demais ostensiva? É o divórcio que lhe bate à porta. É a viuvez, o desemprego, a desencarnação do filho, os acidentes a que todos estamos sujeitos em um mundo de dor. Os mentores espirituais, usando de benevolência, promovem a suspensão temporária, para que ele reflita e, depois, com a ajuda de todos, encarnados e desencarnados, volte ao estado harmônico exigido ao seu mister. A volta ao trabalho nessas circunstâncias sempre se constitui em tônico revigorante para o espírito, visto ser o trabalho o antídoto do desespero.

Inacessibilidade ao centro espírita. Não raro, o seareiro da mediunidade é transferido a locais onde ainda não existe uma casa espírita. Sendo o exercício mediúnico facilitado pelo ambiente indutor do centro espírita, quando deste nos afastamos a faculdade mediúnica parece adormecer. Em tais ocasiões, o médium não deve abater-se mas continuar a cultivar a sua faculdade através do esforço renovador para com os sofredores. Caso este companheiro não encontre no novo ambiente pessoas afinadas com o seu ideal, para que seja criado um grupo espírita, só lhe resta esperar e batalhar por outra remoção, o que com certeza terá o aval dos amigos da espiritualidade.

Em todas as situações descritas, o médium jamais estará abandonado, seja o seu caso perda ou suspensão da mediunidade. O que interessa aos Bons espíritos é o retorno do pupilo e o seu consequente desempenho, no que são empreendidos todos os esforços. Quando não for possível a reabilitação do trabalhador, este sempre possui o crédito da caridade de seus benfeitores espirituais, que jamais é negada, nem mesmo a quem se torna implacável perseguidor daquele que o beneficia.

O QUE É UM MÉDIUM FASCINADO?

Mas através de tudo isso deixa passar os sinais de sua inferioridade, que só o fascinado não percebe; e, por isso mesmo, ele teme, mais do que tudo, as pessoas que veem as coisas com clareza. Sua tática é quase sempre a de inspirar ao seu intérprete o afastamento de quem quer que possa abrir-lhe os olhos. Evitando, por esse meio, qualquer contradição, está certo de ter sempre razão.

O Livro dos Médiuns – **Allan Kardec**
(Cap. XXIII, questão 239)

MÉDIUM FASCINADO É aquele que, não exercendo em suas comunicações a autocrítica, aceita como verdadeiras e inquestionáveis as mensagens recebidas, cujo teor se encontra impregnado, embora sutilmente na maioria das vezes, de pontos divergentes e até absurdos para com a pureza doutrinária. A fascinação pode ser encontrada no movimento espírita e fora dele. Sendo o orgulho e a vaidade vícios nossos de evidência rotineira, é natural que muitos encarnados e desencarnados, ávidos pelo estrelismo, admitam ou criem teorias inócuas e incongruentes, para que sejam comentados e elogiados, ocasião em que se empavonam, mostrando a cauda, por nada terem na cabeça.

Como existem bobos para todas as ilusões que surgem, é igualmente admissível que aqueles preguiçosos mentais, que não questionam as ideias para digeri-las, cujo estômago de avestruz a tudo comporta, se agrupem em cordão particular, unidos por esta característica. É, portanto, um fascinado aquele que, por não usar de censura nas comunicações, nas leituras que faz, nas amizades que tem, nos afazeres profissionais, domésticos, doutrinários, se deixa dominar por outra mente mais forte, que só é forte para ele devido à sua preguiça mental e invigilância, passando a obedecer-lhe os mandados, depositando nele confiança cega e obediência passiva.

A fascinação não é escolho apenas para neófitos pouco versados na doutrina. Atinge também a médiuns que supervalorizam a prática sem o respaldo teórico da codificação, doutrinadores que se deixam apaixonar por ideias e estilos nem sempre éticos e a qualquer pessoa descuidada quanto às suas responsabilidades.

Deixa-se fascinar o invigilante, figura existente em qualquer religião no presente estágio moral do planeta, cujo orgulho e vaidade, portas largas para a fascinação, não lhe permitem identificar-se como fascinado.

Nessa condição ele se afasta de quem procura auxiliá-lo com conselhos lúcidos, atitude interpretada como inveja ou ciúme de sua suposta competência e inteligência privilegiadas.

É fascinado o doutrinador que vê mistificação na maioria das comunicações e que fica a pedir identificações, naturalidade, funções, caracteres dos comunicantes, revelando, em interrogatório neurótico, a sua paranoia obsessiva.

É fascinado o dirigente de centro espírita que quer impor a sua vontade autoritária, confundindo o título de posse que tem das paredes, com aquilo que é de posse geral, que é a doutrina, e com aquilo que é de posse particular, que é a consciência individual dos seareiros. Em sua fascinação pelo poder, confunde a posse da casa com a posse da causa e da vontade dos frequentadores, disfarçando-se como zeloso do patrimônio. Desse modo desrespeita a vontade democrática da maioria pela imposição das suas ideias, que, segundo ele, devem sempre ter acatamento, e exige respeito ao que pensa e a como age, alegando anos de trânsito pelo espiritismo, cabelos brancos, rugas no rosto, como se tais detalhes fossem credenciais de evolução. Nas mesas de conferência diz que o seu trabalho é o do Cristo, mas, instado ao compartilhamento de ideias, revela-se um monárquico cuja palavra não se discute. E, se alguém ousa lembrar o pluralismo como norma saudável de se trabalhar no centro, encontra a barreira do *não*, cujo complemento é sempre este: *porque eu sou o dono!* Lembra o garoto de rua que, nada revelando na técnica do futebol, joga pelo mérito de ser dono da bola. Se a população de um centro espírita se deixa anular pela vontade firme do dirigente, quando a atuação de um templo deve seguir o roteiro elaborado a partir do somatório das mentes ali atuantes, e se, por medo de ferir ou causar melindres, permite o despotismo, omitindo-se do estado de direito por covardia disfarçada em falso pieguismo, sem dúvida está contribuindo para o êxito da hipocrisia, quando afirma: *Aqui temos a paz!* – *Dos cemitérios*, responde sua consciência.

É fascinado o fanático, mesmo que a sua fascinação seja por Jesus Cristo. E como o fanático não resiste ao revide de uma crítica, sincera ou não, sempre está em debates improfícuos, quando o correto seria trabalhar sem ruído. Para combater tal espinho, o antídoto é a humildade. Nela, reconhecendo-se frágil a criatura e fortalecendo-se pelo trabalho material e intelectual, solidificará as bases morais inacessíveis à obsessão.

Existem médiuns ciumentos?

Médiuns ciumentos – *Os que encaram com despeito os médiuns mais considerados que eles e que lhes são superiores.*

O Livro dos Médiuns – **Allan Kardec**
(Cap. XVI, questão 196)

SE FÔSSEMOS FAZER um quadro demonstrativo das qualidades ou imperfeições dos médiuns, muito papel teria que ser gasto, principalmente no enunciado de pequenos defeitos que deslustram a atuação naquilo que de produtivo se faz. Temos a tendência, incômoda para nossa consciência mas bem vista pela nossa acomodação, de exigir aperfeiçoamentos nos outros sem empreender o esforço em nós próprios. Diante de um salão ou de uma roupa limpa, chama-nos a atenção o minúsculo ponto sujo, passando a plano secundário o brilho restante. É um velho defeito que, trazido ao campo mediúnico, em muito prejudica a fluidez e a pureza doutrinárias.

O médium que assim age e que, ao notar o bom desempenho dos companheiros, não se anima a imitar-lhes os esforços e sacrifícios visando aperfeiçoar-se, pode armar-se de despeito e, agasalhando o ciúme no coração, passar ao trabalho de demolição mental, em primeiro lugar da sua própria faculdade, atingindo os demais companheiros, caso a inviligância seja a administradora dos seus atos.

No médium ciumento, a agressão ao grupo inicia-se nele próprio, razão pela qual se torna vítima antes de ser algoz. Apanha a lama para lançar nos companheiros, sendo natural que seja o primeiro a poluir-se. É o ciúme, que se faz acompanhar de todo um séquito de outros defeitos paralelos, tais como o ressentimento, o melindre, a crítica maldosa, o falso testemunho, a obsessão.

Atingindo este ponto, o trabalho das trevas ganha um aliado na reunião e um avanço na frente de batalha. Resta ao grupo redobrar esforços na oração e na vigilância, visando neutralizar a ação do companheiro enfermo. Expulsá-lo da reunião não resolveria o problema; apenas negaria a função do trabalho a que o grupo se empenha, qual seja, a enfermagem caridosa. Se os membros do grupo recusam um doente, tornam-se insensíveis à dor e, portanto, indignos de tratá-la.

Esse tipo de médium ciumento carece de muita conversa e envolvimento fraterno em suas investidas iniciais, a fim de evitar que a obsessão simples possa evoluir para uma fascinação, quando ele terá que ser assistido fora da mesa mediúnica. Faz-se necessária uma conversa franca, para que ele se conscientize da falha existente em seu caráter, pela qual podem agir inúmeros perseguidores dos componentes do grupo. Alijá-lo da convivência fraterna e doutrinária é o caminho mais curto da queda para ele e da descaracterização para o grupo. Se o companheiro é renitente e não admite seu ciúme, invertendo os papéis ao afirmar que é perseguido, preterido e que todos têm má vontade para com ele, esgotadas as tentativas de conciliação, o doutrinador deve sugerir o seu afastamento da reunião, mas não da casa espírita, ocasião em que, tratado como obsidiado ou auto-obsidiado, alcance a recuperação e seja reintegrado ao serviço.

Médiuns ciumentos não são raros, razão pela qual o médium, ao surpreender em si resquícios desse mal, tem a obrigação moral, em nome da sua paz e da harmonia do grupo, de refrear os seus impulsos, para que não venham a traduzir-se em despeito, inveja e rancor contra quem procura firmar-se através do aprimoramento mediúnico. Faz parte da vigilância a si próprio, pois quem vigia atitudes alheias acaba por esquecer que tem deveres a cumprir.

Não é o bastante perseguir novas virtudes, se para embasá-las temos apenas velhos defeitos. O mais racional é pensar que, enquanto combatemos vícios antigos, estamos nos candidatando a aprendizes de novas virtudes.

Existem fórmulas para acelerar a mediunidade?

Essa faculdade [da visão] pode se desenvolver pelo exercício?
– Pode, como todas as outras faculdades. Mas é daquelas cujo desenvolvimento natural é melhor do que o provocado, quando corremos o risco de superexcitar a imaginação.

O Livro dos Médiuns – **Allan Kardec**
(Cap. VI, questão 100, § 26)

EM SE TRATANDO de mediunidade, vemos constantemente pessoas que gostariam de exercê-la e outras tentando fugir ao seu exercício. Entre os primeiros, está a maioria que admira os fenômenos, que anseia por ver os familiares falecidos, a dinâmica dos trabalhadores espirituais, as cidades e colônias que preenchem os espaços. Prendem-se apenas a este aspecto da mediunidade, sem aprofundar-se em sua essência. O vidente vê muito mais o plano espiritual sob a angulação trágica das mazelas, locais infectos, vampiros, perseguidores, suicidas, obsessores, ocasião em que deve ter responsabilidade e amor ao serviço para atuar, requisitos que nunca devem estar ausentes de tais visões. Julgam alguns que a mediunidade é algo para deleite espiritual, que não exige estudo e disciplina, que pode ser manobrada qual canal de televisão, onde as imagens e os sons dependem da vontade. Para estes, a palavra *esforço* é fator de desistência, razão pela qual sabiamente a mediunidade não os acompanha na presente encarnação, evitando maiores comprometimentos com a lei. Seria colocar fardos pesados em ombros fracos.

Outros, diante da eclosão mediúnica, quando esta traz

o caráter de prova, a iniciar-se por obsessão ou sintomas de falsa patologia, uma vez que não é confirmada no corpo pela Medicina (o que não deixa de ser a sua iniciação) buscam um recuo, assustados, indagando das possibilidades de fuga ao dever, mascarando a acomodação a que se acostumaram com o medo da criança tola quando a ela se fala de fantasmas.

Temos a mediunidade, assim, como fator de atração e de repulsão ao espiritismo, onde o aprendiz apenas se torna útil a si e à doutrina quando, pela renovação, admite e age no sentido de incorporar à sua mediunidade, ou à ausência dela, a perseverança na fidelidade aos postulados coordenados por Kardec.

A depender da personagem podemos admitir que, frente à pergunta acima, teríamos reações diferentes. Uns gostariam, diante da possibilidade de resposta positiva, de tentar métodos rápidos que lhes despertassem a mediunidade adormecida. Outros fugiriam a tais métodos, buscando mesmo uma fórmula para desacelerar ou pôr em letargia a faculdade desabrochante. Todavia, esbarrariam na resposta lúcida dos espíritos quando afirmam que, para o desenvolvimento mediúnico, a eclosão deve seguir o curso natural do tempo o que, sabiamente, por força da programação encarnatória, obedece aos critérios físicos, emocionais, culturais, à maturidade, à estabilidade e a outros fatores básicos para o bom desempenho da faculdade.

Uma criança saberia identificar um mistificador profissional? Teria condições físicas de absorver ou rebater fluidos perniciosos? Teria maturidade espiritual para ouvir e ver cenas dantescas do mundo espiritual? Certamente que não. Os prejuízos seriam tantos que a perturbação física e mental seria inevitável. Quanto aos adultos, a ansiedade de ver e ouvir o plano dos desencarnados geraria ilusões. Pensariam estar vendo e ouvindo a outra dimensão, quando poderiam estar assistindo a imagens e sons criados por eles próprios, através de mensagens do inconsciente ejetadas ao consciente por chamamento da ansiedade. Facilmente se confundiriam e portariam em sua mediunidade o travo típico da fruta não madura, que não atende completamente às necessidades básicas a que se destina.

A mediunidade pode ser despertada por métodos não estudados pelo espiritismo. As escolas antigas da Caldeia, Lemúria, Assíria e do Egito usavam a técnica do desenvolvimento do *chacra Kundalini*, onde o fogo serpentino, energia poderosa emanada da terra, alimentando os *chacras* sob a orientação mental específica para esse fim, promovia o desabrochar das faculdades latentes da alma. Contudo, muitos se perderam por falta do suporte moral, comprometendo-se com a lei por muitas encarnações. Métodos utilizados na *Yoga*, também embasados no *Kundalini*, podem acelerar a eclosão mediúnica. Mas afirmamos que, sem o respaldo moral e os conhecimentos específicos sobre a mediunidade e as suas relações com o mundo invisível, transmitidas com clareza e lucidez, e absorvidas com consciência e responsabilidade, as possibilidades de o aprendiz trabalhar contra si próprio são, no mínimo, promitentes.

O MÉDIUM PODE RECEBER FAVORES PELO SEU TRABALHO?

Médiuns interesseiros não são somente os que podem exigir pagamento. O interesse nem sempre se manifesta pela ambição de um lucro material, mas também pelas pretensões de qualquer espécie em que se apoiam desejos pessoais. Essa é também uma fraqueza de que os espíritos brincalhões sabem servir--se muito bem, aproveitando-a com habilidade e astúcia notáveis, embalando em enganos e ilusões os que caem sob a sua dependência.

O Livro dos Médiuns – Allan Kardec
(Cap. XXVIII, questão 306)

DEUS PORVENTURA NOS cobra pelo ar que respiramos? As árvores, pelos frutos? O Sol, pela luz e calor? Insensato é aquele que se torna surdo ao apelo de Jesus, quando aconselha que se dê de graça o que nada custou; em nosso caso específico, a mediunidade.

Concedida por graça divina para nosso burilamento espiritual, no que deve traduzir-se em perseverante trabalho, a mediunidade não se compatibiliza com transações comerciais ou troca de favores, por sua natureza espiritual, dado que todo e qualquer conteúdo informativo independe, em essência, do intermediário, pois procede de quem utiliza a faculdade.

O telefone em si nada vale, se alguém, do outro lado da linha, dele não se serve para informes. E, quando a informação é passada, a fonte é que tem o mérito, havendo o telefone apenas cumprido a função para a qual foi destinado. Sendo o médium simples intermediário entre os planos físico e espiritual, funcionando quase sempre com fidelidade inferior ao aparelho telefônico, de vez que não raro altera as mensagens que transmite, e recebendo a mediunidade como forma de saldar velhos débitos (o que já constitui maior recompensa que aquela que ele julga merecer); que justificativa pode oferecer senão a ignorância, para mercadejar os bens divinos? Pode-se vender aquilo que não lhe pertence?

Pode argumentar alguém que o telefone precisa de manutenção. Por acaso o médium não é alvo de assistência física e espiritual, quando, para atuar, é higienizado dos fluidos densos e revigorado com fluidos vitais? Não velam por ele os mentores, atuando, inclusive, em sua vida doméstica e profissional, procurando avizinhá-lo da harmonia e da paz interior? O que os guias espirituais não podem fazer é livrá-lo das provas e expiações a ele ligadas por imperativos cármicos. Mas insuflam a força, o ânimo e a coragem para que ele as supere.

Quando o médium começa a aceitar presentes ou favores, os bons espíritos não mais o assistem e, em seu lugar, começam a agir os levianos e mistificadores, que só o deixarão à custa de muito esforço de subida. Pode ocorrer também, como medida para beneficiá-lo, que a sua mediunidade seja desativada, passando a ser como um telefone com a ligação cortada, comprometendo-se ainda mais, se continuar a dizer-se porta-voz do plano espiritual, em farsa cujo ator faz passar o monólogo pelo diálogo, o falso pelo verdadeiro. No dicionário do espiritismo mediunidade rima com responsabilidade, é sinônimo de disciplina e se contrapõe a negociatas. Utilizá-la em benefício próprio é trair a palavra empenhada antes do reencarne, quando se jura solenemente exercitá-la em causas nobres. Manchá-la é enterrar os talentos, aumentar a dívida, perder os sapatos na travessia de espinheiros.

Estejamos atentos, todos nós, operários da mediunidade, contra as sutis investidas dos caçadores de médiuns para consultas particulares. A recompensa pelo trabalho mediúnico é a paz de consciência, a alegria do dever cumprido. Qualquer outra, de cunho material, é trambolho nos pés a retardar a chegada aos portos celestiais. Que o brilho do ouro não venha a ofuscar qualquer trabalhador mediúnico, pois demitido será das fileiras do Cristo, caso venha a desonrá-las, muito padecendo antes que seja readmitido nas hostes dos servos úteis.

Nunca é demasiado o cuidado em observar as riquezas, os cargos, as posições de mando, os destaques, as mordomias, como situações circunstanciais e passageiras. E ter em mente que eternos e dignos de serem perseguidos são os valores do espírito, o que não implica em descaso para com as coisas materiais. Os que possuem afinidade com o comércio, que não a misture com a mediunidade, pois tabelar bens espirituais é tido como severa infração aos códigos divinos, onde os juízes desconhecem o suborno e a corrupção.

AS REUNIÕES MEDIÚNICAS PODEM RECEBER VISITANTES?

Isso é tão certo que, de dez pessoas estranhas ao assunto que assistam a uma sessão de experimentação,das mais satisfatórias para os adeptos, nove sairão sem convencer-se, e algumas delas ainda mais incrédulas do que antes, porque as experiências não corresponderam ao que esperavam.

O Livro dos Médiuns – **Allan Kardec**
(Cap. III, questão 34)

QUANDO A REUNIÃO é apenas de estudo cuja finalidade é a pesquisa séria visando ao aperfeiçoamento dos trabalhos mediúnicos, devemos nos ater ao conselho de Kardec, introduzindo um novo membro ou visitante somente quando se tem a certeza das suas intenções e do seu embasamento teórico. O visitante, às vezes, é fator de constrangimento para o grupo, quando alguns de seus membros, em se sentindo observados, perdem a espontaneidade, tolhendo observações e omitindo detalhes por medo de parecerem ridículos ou triviais. De outras vezes, o próprio visitante, em não contribuindo mentalmente para o bom desempenho do grupo, ou mesmo interferindo negativamente por excesso de curiosidade, reduz a produção habitual.

Em um grupo mediúnico, os indivíduos são ligados por laços fraternos, embasados no conhecimento que se tem de cada um, onde as deficiências e limitações individuais são plenamente aceitas pela compreensão de todos. Daí o visitante ser, geralmente, uma nota dissonante na execução sinfônica da orquestra mediúnica. Se a reunião é de educação mediúnica ou de desobsessão, as restrições ao ingresso ou visita de alguém devem ser mais severas. Sendo a sala mediúnica uma UTI, e seus operadores enfermeiros, há de se entender a necessidade da assepsia por parte daquele que a ocupa. Em sala operatória, é imprescindível o uso de roupas e instrumentos especiais para as incisões e suturas. O médium deve estar preparado para nela adentrar, após assepsia física e mental, encontrando-se disposto a operar os quistos e miomas vários, derivados da cólera, da dor e da alienação. Quando um visitante ingressa em tal recinto, sem obediência aos preceitos higiênicos, a contaminação é inevitável e o prejuízo inquestionável.

Com isso, não estamos colocando a inviolabilidade do recinto, no tocante a visitas, como norma absoluta e definitiva. Podem ocorrer situações em que a presença de um familiar, amigo ou mesmo inimigo de alguém desencarnado seja urgente e necessária para o comunicante da noite. Todavia, estes são casos esporádicos e quase sempre acordados entre o doutrinador e o mentor da reunião. Aquele que penetra em uma sala mediúnica a trabalho, leva consigo pesada responsabilidade, qual seja, a de contribuir com o seu amor na cicatrização das feridas do próximo. E não se deve nela entrar sem esta conscientização, para que não se veja surpreendido por uma indagação semelhante à que foi feita ao visitante inoportuno, no festim de bodas: *"Como entraste aqui, sem a túnica nupcial"*? É preciso, pois, trajar-se de maneira compatível ao evento, que pode ser representado na reunião mediúnica pelo traje assepsiado, simbolizando a condição perispiritual livre da patogenia fluídica densa, originada pelo pensar e agir regrados.

A alguém que almeje ingressar na reunião deve ser explicado todo este contexto, para que a negativa não seja tomada como gesto autoritário ou de má vontade de uma elite que não quer se misturar. Reunião mediúnica é sinônimo de prece e de concentração. Quem quer orar ou meditar requer condições propícias, para que se forme a sintonia entre os planos físico e espiritual, com consequente intercâmbio, fruto do recolhimento e da sensação de segurança que flui do interior e também do exterior da sala mediúnica.

O MÉDIUM PODE ALIMENTAR-SE DE CARNE NO DIA DA REUNIÃO?

Mas podes estar certo de que chegará o tempo em que os bons médiuns serão muito comuns, para que os espíritos bons não precisem mais servir-se de maus instrumentos.

O Livro dos Médiuns – **Allan Kardec**
(Cap. XX, questão 226, § 5)

MUITA POLÊMICA SE tem gerado em torno dessa problemática.

Em que afeta ao homem, no exercício da mediunidade, o sistema alimentar?

Primeiramente, é preciso entender que a carne alimenta o corpo, que influencia e recebe a influência do perispírito. A alimentação carnívora, generosa em fluidos densos, causadora de inúmeras enfermidades, dificulta a mobilidade perispiritual na saída do corpo e no trânsito dentro da ambiência espiritual, à proporção que intoxica os centros de força e o plasma perispiritual, no que diminui a percepção, a vibração e a lucidez perispirituais, com acentuado prejuízo para o intercâmbio psíquico e para a qualidade dos fluidos com que operam os mentores.

Muitos a consideram insubstituível como fonte geradora de proteínas. Os que leem *O Livro dos Espíritos* encontram, na pergunta 723, as referências espirituais: "*Em nosso estágio, a carne alimenta a carne...* " e nisso se baseiam para o seu uso e abuso, esquecidos de que, sendo a doutrina evolutiva, deixou na poeira do tempo a justificativa, que hoje não encontra ressonância frente aos avanços da Engenharia de Alimentos e dos conhecimentos acerca do perispírito.

A doutrina nascente não poderia iniciar-se com proibições, uma vez que tem o livre-arbítrio como postulado básico. Contudo, diz o Espírito de Verdade, em resposta à mesma indagação: *"O homem deve, pois, se alimentar segundo lhe exige sua organização"*. Perguntamos: a organização mediúnica, perispiritual, fisiológica, psicológica, mental, necessita do combustível sanguinolento para bom desempenho? São insubstituíveis tais fontes de energia?

A evolução na Engenharia de Alimentos nos permite dizer que o regime vegetariano substitui integralmente qualquer tipo de alimento de origem animal, principalmente a carne.

Em *Nosso Lar*, a controvérsia em torno dos alimentos pesados foi longa e de difícil solução. Foram anos de batalha verbal, com implicações perispirituais em vasta população, cujo predomínio fisiológico não lhe permitia o gerenciamento da questão nos moldes nascidos do bom senso. Após exaustivo esforço de subida, concluiu-se que o melhor para todos era o regime de fluidos e essências reconfortantes, com exceção dos recém-chegados da Terra via desencarnação.

É preciso entender que os instrutores espirituais que orientam os aprendizes da mediunidade não exigem nem interferem no sistema alimentar de ninguém. Apenas aconselham, como medida salutar e benéfica à evolução e ao aperfeiçoamento dos trabalhos mediúnicos, o preparo físico e moral. O preparo físico, em que se inclui a abstenção de todo e qualquer desregramento e excesso, também reivindica a alimentação leve e de fácil digestão, pelo menos no dia marcado para as tarefas mediúnicas. O preparo moral corre por conta da oração e da vigilância, sem as quais a produção se anula sob o florete da obsessão ou da fascinação.

A alimentação grosseira compromete o desempenho

do médium, mesmo com o árduo concurso dos técnicos em limpeza perispiritual, cuja função é retirar do sistema digestivo e circulatório dos invigilantes os pesados fluidos que lhes empanam os *chacras* ou centros de força. A alimentação leve, ingerida duas horas antes da reunião, ou antes, facilita o trabalho dos técnicos e aumenta a produtividade fluídica da reunião, com o equivalente avanço no atendimento dos enfermos.

Alimentação pesada significa sobrecarga de trabalho no sistema digestivo, transformando o medianeiro em barril de condimentos e pastas, forte atrativo para os vampiros e glutões desencarnados.

O ser humano, além do alimento que lhe concede energia ao sistema celular, igualmente necessita da alimentação fluídica, das emanações afetivas, da prece, alimento do espírito, e de um ideal nobre que lhe faculte antever a destinação luminosa. Prender-se apenas a uma angulação alimentar é retardar-se na penumbra, uma vez que, dotado de corpo e espírito, deles precisa zelar com perseverança.

Conclui-se portanto, que, quanto mais leve o alimento, menos poluição perispiritual, qual ocorre aos aviões, cuja gasolina é especial, e aos caminhões, que consomem o óleo bruto. Se o bife é gostoso e insubstituível na lista das prioridades, é que o aprendiz cultua mais o corpo que o espírito, necessitando muito esforço na decisão de visitar menos o açougue e mais o centro espírita.

O MÉDIUM PODE TRABALHAR EM MAIS DE UM CENTRO ESPÍRITA?

Necessário lembrar, ainda, que o orgulho é quase sempre excitado no médium pelos que dele se servem. Se possui faculdades um pouco além do comum, é procurado e elogiado, julgando-se indispensável e logo afetando ares de importância e desdém, quando presta o seu concurso.

O Livro dos Médiuns – **Allan Kardec**
(Cap. XX, questão 228)

INICIAMOS ESTA RESPOSTA lamentando a não uniformidade dos ensinamentos espíritas nos templos que os adotam, onde as infiltrações e enxertos de outras religiões são introduzidos pelo personalismo dos dirigentes, em prejuízo da pureza doutrinária. Centros espíritas existem situando-se em área física doméstica, extensão da cozinha, ou recuados a fundo de quintal, onde o tipo de *espiritismo* é ditado pelo *dono*, que não raro estabelece aí o seu reinado, até que a desencarnação lhe ponha na horizontal a carcaça, ocasião em que um "príncipe herdeiro" assume em pompas a direção dos trabalhos, devidamente "preparado" para dar continuidade à dinastia.

Falo em centro espírita doméstico. Não que isso não ocorra em outros templos espíritas situados em sedes próprias, locais doados para atendimento à comunidade e propagação da doutrina. É que nestes, devido à rotatividade da direção, as decisões tomadas em conjunto e a liberdade da crítica sincera que visa a compatibilizar as ações com a teoria espírita são fatores convergentes de pureza doutrinária. Naqueles, às vezes, existe a tentação da evidência, do estrelismo, de ser sempre consultado, mesmo quando apenas para mudar um móvel de local, de mandar, de ter dependentes da sua vontade. Esse tipo de dirigente-dono, no desserviço que presta à doutrina, confunde o centro espírita, que são os trabalhadores, com a casa espírita, que são as paredes. Admite-se não apenas possuidor do prédio, mas igualmente da vontade dos trabalhadores, e, o que é pior, das normas espirituais, que devem ser moldadas à sua soberana vontade.

Pobres pigmeus! Pessoas que não conseguiram postos de comando na sociedade e transportam para a casa espírita, que deve ser tribuna livre, a sede do mando? Pessoas que se julgam autossuficientes e acreditam que nenhum outro trabalhador é capaz de as substituir nas funções? Seja qual for o motivo, fica de pronto demonstrado, de maneira clara e inequívoca, o orgulho e a prepotência que ostentam, antípodas da humildade e da caridade. Se não houvesse a sede de poder, batizada por eles como zelo ao patrimônio, o terreno ou o prédio onde se localizam as paredes da casa espírita seria doado a serviço da comunidade e não eternamente vinculado a uma posse. Desapareceria a figura do dono e, portanto, a dinastia e sua corte. Mas isso os tornaria trabalhadores iguais aos outros, o que teriam como um rebaixamento; portanto, inadmissível para suas cabeças predestinadas à coroa, embora de barro, reluzente apenas à visão eclipsada dos tolos. Em termos religiosos, a única coroa que tem valor é a de espinhos, esquecem esses pobres mortais.

Feito esse aparte, afirmamos que o trabalhador espírita organiza-se melhor quando se vincula apenas a um centro espírita no seu exercício mediúnico, o que não o impede de auxiliar em palestras e trabalhos sociais em outras searas. Cada grupo mediúnico tem equipe própria, que registra em fichas individuais os seus operários, requisitando-os diuturnamente para trabalhos específicos relacionados àquela casa. O médium que atua em duas casas espíritas, simultaneamente, fica dividido e divide as equipes responsáveis, no sentido de permanente consulta uma a outra, sobre a utilização daquele trabalhador em seus serviços.

O trabalho mediúnico requer afinidade entre os membros do grupo, estudo, compromisso, dedicação, renovação... O que exige bastante esforço do trabalhador filiado a um único grupo mediúnico. Penso que fazer o trabalho bem feito em um grupo apenas é melhor que desenvolvê-lo parcialmente em dois. Todavia se este não condiz com os ensinamentos espíritas e, após o médium lutar galhardamente para promover as mudanças necessárias, for tido como dissidente ou perturbador, que busque outro local de trabalho, pois ali a sintonia será difícil para o seu estilo.

O compromisso do espírita, médium ou não, é com a causa espírita e não com a casa espírita. A casa é apenas a referência geográfica no momento, que pode e deve ser substituída quando não atender aos requisitos moralizadores da doutrina espírita.

Além do exposto, salienta-se que o médium deve harmonizar-se tanto com a equipe mediúnica desencarnada que dirige os trabalhos quanto com a equipe dos encarnados, seus companheiros de luta. Duas casas espíritas usadas como campo de trabalho pelo mesmo médium duplicam as razões de queda, expostas no frontispício do capítulo.

Sobre a crítica que inicia o capítulo, nós a fazemos para alertar o medianeiro sobre o seu compromisso com a doutrina em particular, e não com aqueles que professam a doutrina à sua maneira, lembrando que omissão, às vezes, é também participação no erro.

A fidelidade espírita é para com o Cristo, o que não significa baixar a crista, em eterno *amém* ao personalismo disfarçado em espiritismo.

Perguntamos: se Jesus é a porta e Kardec é a chave,

aquele que entre eles se põe, o que será? Certamente, não mais que uma pedra de tropeço.

Pensando sobre isso, o médium decidirá melhor onde deverá fazer verter o seu suor.

As médiuns gestantes podem "receber" espíritos?

Há casos em que é prudente e mesmo necessário abster-se ou, pelo menos, moderar o uso da mediunidade. Isso depende do estado físico e moral do médium, que geralmente o percebe.

O Livro dos Médiuns – Allan Kardec
(Cap. XVIII, questão 221, § 3)

O ESPÍRITO ENFERMO ou obsessor, quando em contato com o médium, transfere-lhe fluidos densos que são absorvidos e eliminados por este, que funciona como um fio terra, amenizando a situação aflitiva do comunicante. Casos há em que o médium, ao traduzir a palavra de suicidas, cancerosos, tuberculosos em estado grave ou mesmo irmãos que atuam na quimbanda em rituais macabros, é tomado de grande sufocação e pesar, experimentando no corpo as sensações que os enfermos e vampiros imprimem, chegando mesmo a ser desdobrado após a comunicação, para que seja atendido em locais saturados de fluidos vitais, ocasião em que lhe é devolvida a cota fluídica subtraída pelo contato enfermiço.

As sensações que o médium sofre nessas comunicações são as mesmas que os enfermos padecem. Quando a ligação fluídica é efetuada um ou dois dias antes da reunião, o medianeiro começa a mostrar os sintomas de sua companhia, quando é acometido de vômitos, dores intensas, falta de ar, arritmia, calafrios, formando um quadro clínico que só é desfeito após a comunicação, quando a ligação já não existe.

Muitas vezes tenho assistido a queixas e exames clínicos de médiuns que, somente pelas comunicações que traduzem, são esclarecidos e curados através do afastamento da causa que deu origem aos distúrbios.

Por tais motivos, desaconselha-se à médium psicofônica a permanência na reunião desobsessiva, quando é evidente o seu estado gestatório, visto que a agressividade fluídica a que se expõe pode atingir o feto em formação, caso não haja proteção ostensiva por parte da equipe espiritual.

É sabido que, em seguida ao ato sexual, o perispírito do reencarnante em estado reduzido é ligado ao zigoto, processo que é orientado e assistido pelos espíritos interessados naquele reencarne. A mãe, mentalizando e enviando ao filho propostas de paz e de aconchego, completa a proteção a que a criança tem direito. Caso a gestante insista em atuar ostensivamente na área psicofônica, os mentores deverão realizar uma seleção entre os comunicantes para que somente os menos enfermos possam por ela transmitir suas aflições, o que deveria prolongar-se pelos três primeiros meses de gestação. Mesmo assim, é vital que a sua organização uterina em nada sofra perturbações, o que significa dizer que deve afastar-se dos trabalhos mediúnicos, podendo participar de palestras e demais atividades doutrinárias e sociais da casa espírita.

Passada a gravidez, o retorno ao trabalho é sempre um tônico salutar para a paz íntima de quem se fez servo do Senhor, através do auxílio aos irmãos de infortúnio.

No período menstrual, a médium pode ir às reuniões mediúnicas?

Há infelizmente muita gente que toma a sua própria opinião por medida exclusiva do bem e do mal, do verdadeiro e do falso. Tudo o que contradiz a sua maneira de ver, as suas ideias, o sistema que inventaram ou adotaram é mau aos seus olhos. Falta a essas criaturas, evidentemente, a primeira condição para uma reta apreciação: a retidão do juízo. Mas elas nem o percebem. Esse o defeito que mais enganos produz.

O Livro dos Médiuns – **Allan Kardec**
(Cap. XXIV, questão 267, § 26)

NEM MEDIUNIDADE NEM menstruação são doenças do corpo. A primeira é uma faculdade humana que independe das condições morais e fisiológicas. A segunda faz parte da constituição física feminina, onde o organismo é adequado à função reprodutiva. O ciclo menstrual é, portanto, intrínseco ao aparelho reprodutor da mulher, o qual é programado para que, mensalmente, receba as condições de gerar um outro ser vivo pela fecundação, ocasião em que o espermatozóide se une ao óvulo para repetir o milagre da vida. Se não ocorre a fecundação, o óvulo degenera e é expelido com seus acompanhantes. A isso chamamos de menstruação.

Ocorre que, em algumas mulheres, esse período menstrual se faz acompanhar de cólicas que geram mal-estar, impossibilitando-as ao exercício da mediunidade, não somente pela problemática menstrual, mas devido à influência física refletida sobre a mente, dificultando uma concentração adequada ao transe mediúnico. Nestas, aconselha-

-se a abstenção da tarefa até que seus organismos sejam apaziguados, o que não é duradouro. Noutras, onde este período não lhes acarreta o incômodo dos espasmos, não existe nenhuma inconveniência em permanecer na labuta, visto ser dever moral de quem assume uma tarefa concluí--la e repeti-la, se for o caso.

Aquelas que se ausentam da mesa dos trabalhos nessa condição, excetuando-se os casos patológicos onde o fluxo menstrual é intenso, incluem-se entre as faltosas sem motivo justo, uma vez que, em não sendo a menstruação uma doença, está caracterizado o quadro de saúde, situação incompatível com a falta ao dever. Interpretar de outra maneira é mostrar ignorância ou cair no desculpismo vulgar, tão explorado por frequentadores ainda não cientes da responsabilidade e da gravidade de uma reunião mediúnica, onde a ausência de um intermediário deixa sem atendimento os enfermos a ele ligados.

É preciso encarar este assunto com naturalidade, com a consciência de que a menstruação em nada influi no caráter das comunicações. Ausentar-se dos trabalhos, sem as restrições inicialmente descritas, que se constituem em justo motivo de paralisação, é negligenciar, descredenciar-se ante a função de enfermeira, cujo compromisso é assumido mesmo antes do reencarne, gerando para o futuro, se não demissão, ao menos repreensões por parte da consciência, pelo descaso no trato das questões divinas.

Durante o transe mediúnico, o médium muda a voz? A caligrafia?

Fenômeno muito comum entre os médiuns escreventes é o da mudança de caligrafia, segundo os espíritos que se comunicam. E o mais notável é que a mesma caligrafia se repete sempre com o mesmo espírito e, às vezes, é idêntica à que ele tinha em vida.

O Livro dos Médiuns – Allan Kardec
(Cap. XVII, questão 219)

ISTO É BASTANTE comum nas reuniões mediúnicas e decorre de uma aptidão especial do médium.

Na psicografia, a evidência é maior que na psicofonia e é própria dos médiuns mecânicos, cujos movimentos dos braços são inteiramente coordenados pelo manifestante, que imprime na caligrafia seus traços ortográficos, seu estilo, sua personalidade. É a sua presença, sua individualidade inconteste que ali se manifesta. Todavia, médiuns semimecânicos podem apresentar um misto ortográfico composto de caligrafia sua e do comunicante, por haver, nessas circunstâncias, a atuação e a influência conjugada de ambos.

Na psicofonia, o acontecimento é de maior raridade, visto essa aptidão especial, de fácil manobra nos músculos do braço, nos quais o espírito não encontra barreiras anatômicas ou fisiológicas, não se repetir nas cordas vocais, instrumento mais sensível e afinado ao ritmo respiratório e nervoso do médium. Uma pessoa possui o timbre de voz particular, mas não se caracteriza por movimentos sincronizados do braço, o que seria um tique nervoso.

O que quero dizer é que a manifestação vocal de uma pessoa é quase sempre uniforme, característica esta ditada pela conformação das cordas vocais. Para arrancá-la desse diapasão seria necessária outra afinação, requisitando um efeito quase material ou fortemente mecânico, para fazer-se notar. Isso já não ocorre com os músculos do braço, afeitos a toda sorte de movimentos, cuja flexibilidade nenhuma resistência oferece aos impulsos que os dirigem. Como na comunicação psicofônica o médium geralmente transmite as ideias que recebe já censuradas pelo seu espírito, o normal é que o timbre vocal seja o seu, alterado conforme as condições emocionais do comunicante.

Pode ocorrer no entanto que, em condições onde o desencarnado se aproxime demasiado do corpo do médium, a tal ponto de quase se apossar dele, sendo este manifestante de ordem inferior, brutalizado pela cólera, (vampiro, espírito trevoso que faz sacrifícios de animais em trabalhos contra o próximo), devido à materialidade e à densidade do seu perispírito, produz a ele um efeito quase material nas cordas vocais que utiliza, alterando o tom vibratório do aparelho fonador com consequente mudança de voz do médium. Esse mesmo medianeiro, em comunicações amenas, onde a afinidade fluídica com o manifestante lhe permita harmonia fisiológico-emocional, transmitirá a mensagem pela voz que o particulariza. A não ser que por necessidade científica, comprovação de pesquisas nessa área ou outro motivo qualquer relevante, os espíritos lhe promovam nas cordas vocais a característica vibratória que traduza semelhança no timbre vocal do comunicante; mas esse fato constituiria exceção.

Tratamos aqui da mudança de timbre da voz, o que não deve ser confundido com a mudança de estilo da voz. O médium, ao transmitir a mensagem de uma criança, apenas lhe imita a voz, sem descaracterizar o seu timbre vocal.

Mudar a voz é mudar a qualidade sonora, a qual depende da interação existente entre os sons, cuja união origina um som fundamental em frequência fundamental.

Mas isso não é tudo. Há de se examinar, para efeito de comprovação de autenticidade da voz e da caligrafia, as condições físicas e morais do médium, fatores decisivos em qualquer tipo de manifestação mediúnica. Se ele for intelectualmente frágil, e o comunicante o seu oposto, este terá que vencer a dificuldade decorrente do fato, que poderá ser menor na psicografia e infinitamente maior na psicofonia. Se o médium for um farsante, poderá imitar voz ou caligrafia, bem como o estilo do desencarnado. Se possuir debilidade física poderá, mesmo diante da veracidade dos fatos, não convencer, pois algumas letras podem fugir ao padrão normal do desencarnado, ou a voz conter certo tremeleado em algumas frases.

Mudar a voz ou a caligrafia pouco importa no desempenho mediúnico. Louvável é mudar o curso da vida para o farol evangélico, e orientá-la pela bússola do trabalho e pelo mapa do estudo.

O MEIO EXERCE INFLUÊNCIA SOBRE O MÉDIUM?

– Todos os espíritos que cercam o médium o ajudam para o bem ou para o mal.

O Livro dos Médiuns – **Allan Kardec**
(Cap. XXI, questão 236, § 1)

DESDE QUE SOMOS sempre acompanhados de encarnados e desencarnados que simpatizam com as nossas ideias, há de se pensar que influenciamos e somos influenciados, tanto pelo meio ambiente em que vivemos, quanto pelo relacionamento social que praticamos. O meio sempre influi na formação moral e intelectual do homem. Ali, onde ele convive, sofre as pressões ambientais, geográficas, históricas, sociais, econômicas, e as pressões de ordem moral, a refletirem-se na violência, na marginalidade, nos preconceitos e nos seus opostos, ou seja, no sentimento de religiosidade, na busca pela justiça, na bravura de alguns que procuram firmar-se espiritualmente.

Às vezes, o espírito reencarna com o objetivo de vencer as suas tendências guerreiras, ou o desvio de personalidade que o caracteriza como viciado, oportunista, salteador, e nasce justamente naquele meio onde são comuns as ocorrências desse gênero, tendo o ensejo de aceitar ou repelir os atos que podem comprometê-lo. Ao lado da prova Deus coloca invariavelmente o ensinamento, para que haja reprovação somente pela fragilidade ou negligência do aluno. É assim que o evangelho de Jesus é citado e exemplificado, guardando-se as proporções, em todos os quadrantes da Terra, nos palácios e nas choupanas. Ninguém existe que não haja com ele contactado através de algum exemplo nobre a que assistiu, ou por intuição recebida por parte dos amigos espirituais, ou ainda pelas lições a que tem acesso durante o sono.

Todo esse conjunto informativo sobre o evangelho o espírito tem, malgrado a influência perniciosa do meio onde virá a refletir-se como o reverso da medalha. Daí porque ele, e somente ele, decide por servir a Deus ou a *mamon*, apesar das pressões sociais, psicológicas e materiais. Se o médium é um proletário, um favelado ou um afortunado, sofrerá certo tipo de influência do meio, que, adicionada à sua vontade de crescer ou à sua estagnação mental, o fará distinguir-se no trabalho em sentido positivo ou negativo.

Contudo, isso não é regra geral. Sendo o espírito o governador de sua vontade, ele a pode dinamizar ou paralisá-la, ou ainda canalizá-la para outros objetivos e prioridades que não as espirituais. Daí haver médiuns debilitados fisicamente que exercitam suas forças no trabalho renovador, tornando-se vigorosos batalhadores do Cristo. Da mesma forma, o *afortunado* que ostenta porte atlético pode tornar-se debilitado pelo mau uso do livre-arbítrio, quando se desgasta em objetivos mundanos. O médium não bafejado pela fortuna pode, por esforço de aprendizagem, nas palestras, conversações, estudos, leituras de obras mesmo emprestadas, suplantar quem possui vasta biblioteca sem dela fazer uso.

Em todas as situações da vida, a influência que o meio exerce pode ser subjugada pela vontade disciplinada. Se aqueles que se dizem nossos amigos, constantemente procuram desviar-nos dos ideais altruístas, resistamos, porque eles se afastarão à vista da falta de afinidade. Se a resistência a ser vencida é a fome, os amigos espirituais e os encarnados hão de mostrar solidariedade diante do exemplo de fidelidade e dedicação a Jesus. Se é a chuva, o sol, o preconceito, a dor, a morte, nada disso é verdadeiramente obstáculo à vontade firme, nem mesmo a morte, pois esta não distancia o trabalhador do seu posto de trabalho; antes, dele mais o aproxima.

Todos nós sofremos influências, mas somos dotados de uma consciência que nos faculta um julgamento ou uma censura sobre elas. A lucidez deve prevalecer nesse julgamento, permitindo-nos absorver ou repelir o que nos é sugerido. Sejam quais forem as influências, partam de onde partirem, mesmo que tenham sua gênese em nosso próprio inconsciente, devem ser criteriosamente analisadas, do que deve resultar o *aprove-se* ou *reprove-se* da consciência, imparcial juiz a serviço da evolução.

O MÉDIUM PODE FAZER SEXO NO DIA DA REUNIÃO?

Se o médium é de baixa moral, os espíritos inferiores se agrupam em torno dele e estão sempre prontos a tomar o lugar dos bons espíritos a que ele apelou. As qualidades que atraem de preferência os espíritos bons são: a bondade, a benevolência, a simplicidade de coração, o amor do próximo, o desprendimento das coisas materiais. Os defeitos que os afastam são: o orgulho, o egoísmo, a inveja, o ciúme, o ódio, a cupidez, a sensualidade e todas as paixões pelas quais o homem se apega à matéria.

***O Livro dos Médiuns* – Allan Kardec**
(Cap. XX, questão 227)

O PROBLEMA SEXUAL sempre foi assunto de várias controvérsias devido ao falso puritanismo com que foi e é tratado. O tema era debatido quase sempre a portas fechadas, tido como coisa impura, vergonhosa, pecaminosa, mas praticado por estes que assim o interpretavam, firmando assim o falso moralismo e a hipocrisia em suas personalidades e, ao exercício sexual, o pesado ônus de pecado. A religião, que deveria resgatar essa imagem, elevando o exercício sexual sadio à condição de fator de harmonia conjugal, de troca de afeto e de energias psicofísicas, mais contribuiu para que o uso do sexo tivesse caráter de culpa, de remorso, de obsessão e até de loucura, pelo desejo incontido de praticá-lo, quando desaprovado pela censura da mente que o entendia uma falta grave. Ainda hoje, o sexo é tido por alguns como fornicação, devendo-se praticar, para acalmá-la, extensos jejuns e orações, formando-se assim neuróticos e fanáticos que chegam ao ponto da autoflagelação para se sentirem livres desse demônio. Esquecem que, sendo a necessidade do ato sexual exigência psíquica nos espíritos que ainda não sublimaram esta função, embora levem o corpo à desencarnação por tanto jejum ou flagelação, o desejo sexual permanece, tal como a fome, a sede e o respirar.

A religião que interpreta o sexo como fator degradante, quando deveria desaconselhar apenas o mau uso, o abuso, o desregramento, peca pela ignorância de atribuir a Deus um sadismo que ele não possui; por fornecer às criaturas órgãos e desejos sexuais, a serem usados, porém, somente em condições específicas, sob pena de tornarem-se impuras fora dessas condições. Sendo assim, têm de refrear seus instintos, neurotizando-se para isso.

Essa falsa interpretação nas questões sexuais vem de longe: da estória de Adão e Eva, expulsos do Paraíso por terem caído em tentação; das questões ligadas à virgindade de Maria; do pensamento de que, para ser santo, é necessário abster-se de sexo; da exigência do voto de castidade para envergar trajes sacerdotais. Tanto se reprimiu que a panela de pressão teve que explodir. Vivemos hoje o que se chama de revolução sexual, o que nada mais é que a liberação sexual, a gerar abortos, doenças venéreas, homossexualismo, divórcio e depravação.

Será que não estamos vivendo um excesso por conta da longa repressão? Moisés ordenava o apedrejamento das adúlteras. E os adúlteros? O que era feito deles? A existência daquelas não tinha causa, muitas vezes, na ação destes? Introduziu-se o conceito de honra ligado à virgindade da mulher e dizia-se desonrada aquela que tivesse tido relacionamento sexual antes do matrimônio. Mas os hipócritas que fizeram tal correlação sabiam que a mulher não perde a honra por perder a virgindade. *Honra* quer dizer virtude, dignidade, graça, veneração, atributos que podem ser conservados com a mulher em pleno exercício sexual, ligada ao homem por casamento ou não.

O exercício sexual do médium, desde que sadio e regrado, em nada interfere em seu mediunato, mesmo que use dessa atividade no dia da reunião mediúnica. E se existe algum espírito ligado a esse médium para comunicar-se no instante da reunião? A ligação fluídica não quer dizer ligação de corpos. Significa que existe um traço identificador, uma sintonia preparada para a ocasião, através da qual podem ser transferidas sensações e emoções do enfermo para o médium e vice-versa. A sensação de prazer produzida pelo orgasmo em um encarnado não é a mesma para um desencarnado. A prova disso é que espíritos apegados ao sexo buscam os encarnados incautos para vampirizá-los, pela exigência que sentem de um prazer mais material.

Se o ato sexual é produzido em clima de ternura e amor entre os parceiros, a sensação que podem passar para algum espírito que a eles esteja ligado é filtrada em seus fluidos, por assim dizer, físicos, e são repassadas, quando existe necessidade (pois pode haver o bloqueio desse intercâmbio), apenas as sensações de bem-estar, de segurança e de carinho derivadas do ato em si e canalizadas para alívio do enfermo. Isso ocorre porque tal ligação fluídica é diferente da existente entre um vampiro que se imanta a um desregrado sexual, para sentir-lhe as emoções. Neste caso há imantação, consciência, vontade, fatores relevantes no intercâmbio das impressões, o que não sucede na ligação fluídica médium-enfermo, cuja gênese de sintonia ou fator de simpatia que os une na ocasião pode não ser a angulação sexual, possibilitando que essas sensações passem despercebidas do espírito, que não as identifica como ligadas ao sexo ou que simplesmente as ignora, visto ser o ato sexual um momento privado e respeitado nos lares virtuosos, não havendo oportunidade da participação de terceiros. Essa ligação fluídica a que nos referimos, médium--enfermo, sendo circunstancial, passageira e específica na angulação fraterna, provoca uma espécie de cortina para a transmissão das impressões sexuais.

No caso do vampiro, a ligação fluídica pode ser longa, a afinidade é mais específica na área sexual, a imantação é perfeita e as vontades se casam naquele objetivo. Daí haver a ostensividade. Todavia, casos há em que a abstenção do uso sexual é aconselhável para certas situações. Quando o médium, ainda não completamente educado em questões sexuais, vai visitar, através de desdobramento, locais onde o sexo é explorado, e quando na reunião vai atender a vampiros sexuais, é conveniente que faça um esforço mental, concentrando suas energias na prece e no objetivo a que deve atender, a fim de evitar sintonias indesejáveis.

Este assunto, entretanto, é tão polêmico que julgo necessário explicar que traduzo o que penso baseado no que aprendi e ouvi dos espíritos. Não estou transcrevendo a palavra de nenhum espírito mas a minha opinião pessoal, que pode ser contestada. Não me consta que o médium deva ser casto para melhor desempenho mediúnico. O luminoso Bezerra casou mais de uma vez e teve muitos filhos. Será que o seu exercício sexual o fazia menos caridoso? Parece-me que o prejuízo está no abuso e no desregramento sexual e não no exercício dele. Que o orgulho, o egoísmo, a maledicência, o ódio, o ciúme sejam assuntos prioritários no esforço de abstenção, mais do que o sexo em seu exercício sadio, seja em dia de reunião ou não.

Pensemos no assunto e estudemos mais. Sem ideias preconcebidas e com o espírito desarmado, por certo chegaremos à conclusão de que a prática sexual não é ilegal, não é imoral, não é pecaminosa, não é suja, não é impura, não é vergonhosa, quando complementa o amor.

Existem passes mais eficientes que outros?

Entretanto, o médium é um intermediário entre os espíritos e os homens, mas o magnetizador, tirando sua força de si mesmo, não parece servir de intermediário a nenhuma potência estranha.
– É uma suposição errônea. A força magnética pertence ao homem, mas é aumentada pela ajuda dos espíritos a que ele apela. Se magnetizas para curar, por exemplo, e evocas um bom espírito que se interessa por ti e pelo doente, ele aumenta a tua força e a tua vontade, dirige os teus fluidos e lhes dá as qualidades necessárias.

O Livro dos Médiuns – **Allan Kardec**
(Cap. XIV, questão 176, § 2)

SIM! MAS ISSO corre por conta de múltiplas variáveis que vale a pena examinar. Essas variáveis podem atuar em conjunto ou isoladamente, sendo, às vezes, neutralizadas pela ação espiritual que visa à eficiência na transmissão fluídica ou sendo mantidas, para que a ineficiência se caracterize, sem nenhum proveito fluídico para o paciente.

Alguém pode questionar afirmando que, sendo a função dos bons espíritos promover o bem, não podem ignorar a solicitação de ajuda a um enfermo. A argumentação lógica para a questão é que, atrás de cada enfermidade, existe uma história cujos atenuantes e agravantes decidem pela ajuda a ser prestada. Às vezes o doente anseia pela medicação mas, recuperada a saúde, compromete-se ainda mais, contraindo cânceres maiores. De outra feita ele almeja ação medicamentosa, mas, pela lei que confirma a distribuição dos bens conforme as obras, é excluído do antídoto salvador. Pode ocorrer ainda que o melhor remédio para determinado mal do espírito seja a dor, através da permanência e evolução das úlceras no corpo. O que não pode ocorrer é que alguém acuse Deus de injusto, pelas chagas que carrega, e os bons espíritos de ineficientes ou descaridosos, pela omissão na enfermagem justamente para com ele, que tanto sofre.

O problema da doença é sempre mais grave, quando o enfermo é o grave problema. Ser doente pressupõe cura mais difícil que estar doente.

Passemos às variáveis:

- O carma do paciente.
- O preparo físico e moral do passista.
- O preparo físico e moral do paciente.
- A força magnética do passista.
- O desejo de servir do passista.
- A assistência espiritual prestada ao passista e ao paciente.

O carma do paciente.
Todos sabemos que cada indivíduo possui registrada no perispírito a sua participação nos episódios vividos. A depender do grau de responsabilidade em eventos nos quais prejudicou alguém, ele matricula-se na escola da dor, para resgates pessoais, ou na escola do sacrifício, da abnegação ou mesmo do amor, cursos que também o capacitam a saldar suas promissórias.

O preparo físico e moral do passista.
A depender do preparo físico e moral de cada pessoa, pode-se avaliar o tipo de fluidos agregados ao perispírito. Como cada indivíduo só pode doar o que tem, dificilmente um passista sem preparo físico e moral será eficiente. Se houver merecimento por parte do paciente, os técnicos espirituais subtrairão daquele apenas o fluido vital que, pela assepsia, pode tornar-se aproveitável. O mais fácil é neutralizar os fluidos desse passista e os próprios técnicos espirituais promoverem a doação fluídica.

O preparo físico e moral do paciente.
Embora haja toda uma assistência espiritual e os meios favoráveis à eficiência do passe, se o paciente não está preparado, torna-se refratário à penetração dos fluidos. Aqui é o caso do doente que deseja erguer-se sem empreender o esforço de subida. Os próprios espíritos o abandonam por um tempo, por entenderem inútil o seu concurso. Esse papa-passes é uma figura comum nos centros espíritas. Lá, julgam-se de cadeira cativa, têm preferências por passistas e retratam com fidelidade a inapetência pelo esforço renovador, gênese da saúde.

A força magnética do passista.
Existem médiuns curadores, bons magnetizadores, pessoas dotadas de grande força fluídica, que, teleguiadas pelos técnicos espirituais, promovem curas de muitas doenças. É lógico que esse passista, a depender das condições favoráveis envolvidas no processo, será de grande eficiência no trato das questões relativas ao passe.

O desejo de servir do passista
Para que a transmissão fluídica se opere satisfatoriamente, é necessário que o passista queira doar e o paciente queira receber, sempre dentro do mesmo comprimento de onda. Um funcionará como uma bomba aspirante; o outro, como uma bomba injetora. É *juntar a fome com a vontade de comer*, como diria nosso homem do campo. O resultado dessa "sintonia" pode ser ampliado pela ação da prece, e o seu grau de eficiência, transitório ou prolongado, dependerá das outras variáveis.

A assistência espiritual prestada ao passista e ao paciente.
A ação dos técnicos espirituais no passe aumenta o teor da força fluídica, bem como imprime nos fluidos

qualidades e direções propícias à especificidade exigida pela doença. Usam ainda da intuição para que o passista concentre ou disperse fluidos, detectam órgãos afetados e influenciam na duração do passe, enquanto promovem harmonização orgânica nos sistemas deficitários, quando a necessidade e o merecimento exigem.

Desse conjunto de variáveis resulta a eficiência ou não do passe que, em última análise, tem como melhor garantia de sucesso o preparo físico e moral do paciente, uma vez que, a todo aquele que pede com sinceridade, lhe será dado, e a quem bate com desejo de reforma, serão abertas as portas para a medicação.

É PRECISO QUE O PASSISTA TOME PASSE PARA SUPRIR O SEU DESGASTE FÍSICO?

> *Espíritas!, amai-vos, eis o primeiro mandamento; instruí-vos, eis o segundo. Todas as verdades se encontram no Cristianismo. Os erros que nele se enraizaram são de origem humana.*
>
> *O Livro dos Médiuns* – **Allan Kardec**
> (Cap. XXXI, questão IX)

AQUELE QUE DOA sangue em transfusão necessita tomá-lo logo em seguida à transfusão? Não é certo que o organismo repõe o ritmo anterior pela fabricação de novas células, cuja produção se sente assim estimulada?

Cremos que tal procedimento – tomar passe após exercitá-lo em outros irmãos – decorre da ignorância quanto à mecânica do passe em si e quanto ao que ocorre fora da vista do passista, enquanto ele se exercita. Durante o passe, pode suceder que o passista doe do seu fluido ou não. O fluido vital pode ser doado de um indivíduo para outro tal qual o sangue. Quando o passista doa dos seus próprios recursos, devido ao paciente exigir certa cota de vitalidade, seu organismo recupera-se por suas próprias funções, podendo também ser auxiliado nessa reposição pelos técnicos espirituais, sem a exigência de receber passe de encarnado. A pensar que o passista necessita de passe, há de se admitir que aquele que atende ao passista fica carente de fluidos, para o que requisita um outro, que igualmente solicitará outro para atendê-lo. Como encarar tal ciranda no centro espírita? O último, após ter atendido ao penúltimo, ficaria prejudicado? É estudando as lições doutrinárias que o espírita há de afugentar de suas searas os procedimentos inócuos.

Outro tipo de passe é aquele em que o passista não doa de seus recursos, mas, absorvendo-os do plano espiritual, se faz de fio condutor para o paciente, processo em que muito se beneficia. A corrente benéfica, ao penetrar-lhe o perispírito, revigora-lhe as entranhas, promovendo a harmonização energética em suas funções vitais. Esse tipo de passe que favorece também o passista exigirá ainda, em momento posterior, alguma reposição de forças? Seria inadequado aplicar um passe em alguém cuja vitalidade se lhe estampa no rosto, e é detectada pelo bem-estar que demonstra após o exercício de sua função.

Existe outro processo magnético em que o magnetizador se beneficia. Sabendo da existência de poderosas correntes magnéticas que emanam da terra e tendo sensibilidade e prática em atraí-las, ao impor as mãos sobre o enfermo forma um circuito energético que atravessa a si e ao paciente, revigorando-se ambos. Mas esse tipo de passe é para magnetizadores mais aprofundados no assunto.

O certo é que, em qualquer tipo de passe, o passista não necessita de revigoramento imediato, mesmo que haja perdido fluidos vitais, pois estes podem ser recompostos pela alimentação habitual, pelo ar, pela água, pelos bons pensamentos, pelos mentores espirituais. Admitir o contrário é não confiar nos espíritos e em suas informações, optando pelo personalismo, o que, não raro, deturpa a doutrina aos olhos dos neófitos. Toma passe o enfermo. Se o passista se admite enfermo, não deveria ministrar passes. Se ele julga que, a cada passe que dá, o seu fluido vai se exaurindo a ponto de mortificá-lo, atribuindo à sua prática os cansaços e tonteiras que tem, é digno de assistência intelectual e farmacêutica.

O exercício do passe requer preparo físico e mental adequados, ficando bastante claro que o excesso pode realmente debilitar o passista. Mas o excesso, seja de conforto, de fartura ou até mesmo de fluidos vitais, é sempre uma situação fora de equilíbrio. Evite-se o abuso, o exagero, o excesso, e tranquilize-se o passista, que a inversão de situações tais como a de enfermeiro/enfermo, passista/paciente não se estabelece quando, atendendo ao chamamento da caridade, impomos as mãos sobre as chagas dos pedintes.

Qualquer médium pode falar ou escrever em outras línguas?

– *Certamente isso pode acontecer, mas não é uma regra. O espírito pode, com algum esforço, superar momentaneamente a resistência material. É o que se verifica quando o médium escreve, na sua própria língua, palavras que não conhece.*

O Livro dos Médiuns – **Allan Kardec**
(Cap. XIX, questão 223, § 17)

Isso depende da paciência e dos conhecimentos do espírito comunicante. O espírito que deseja fazer uma comunicação procura sempre utilizar-se de um médium cujos conhecimentos lhe facilitem a transmissão da mensagem. Uma explicação matemática é melhor desenvolvida por alguém que conheça a Matemática. Se a mensagem é científica ou filosófica, requer um intérprete com conhecimentos específicos, para que seja bem transmitida. Se o médium é intelectualmente medíocre, o trabalho do comunicante é árduo e demorado, resultando em uma comunicação truncada, fastidiosa e cheia de dubiedade. O manifestante impacienta-se ante o esforço de balbuciar os seus conceitos e de vê-los desnudos da profundidade e das sutilezas originais. Diante de tal embaraço, ele recua ou busca um médium cujos arquivos mentais contenham subsídios que possa usar na revelação de sua ideia.

Por esse raciocínio, é compreensível que os espíritos prefiram os médiuns mais preparados para suas transmissões, tanto pela eficiência operacional que proporcionam, quanto pela fidelidade na interpretação e tradução da mensagem que transmitem, pré-requisito para o êxito da tarefa a que se propõem. Contudo, a mediunidade, como faculdade humana, independe das condições morais e intelectuais do médium e do comunicante. Sendo o espírito um intelectual e o médium não, na urgência da mensagem aquele terá que desincumbir-se da tarefa. Se o comunicante, por hipótese, já que as comunicações espíritas se dão através do pensamento, soubesse expressar-se apenas em inglês, mesmo que o médium jamais haja aprendido tal idioma, nesta ou em outra encarnação, a transmissão se faria. Psicofônicos e psicógrafos despreparados intelectualmente sempre oferecem resistência ao comunicante, mesmo tratando-se da linguagem em que o encarnado se exprime. Lógico admitir-se que a dificuldade se acentua em se tratando de outro idioma.

Concluímos o assunto afirmando a possibilidade real de qualquer médium psicofônico ou psicógrafo poder falar ou escrever em outros idiomas, assimilados ou não por eles em outras encarnações. Este fato geralmente não acontece devido à grande resistência mecânica que oferecem aos comunicantes, que, considerando a linguagem e a escrita veículos lentos, visto comunicarem-se pelo pensamento, por maior razão evitam o trabalho exaustivo de soletrar uma carta ou gaguejar uma mensagem, trabalho improfícuo e até ridículo.

Boas comunicações são obtidas por bons médiuns. Não consta, nos anais do espiritismo, que os livros sejam escassos e os conselhos acerca do amai-vos e instruí-vos inexistentes. Na realidade, salvo poucas exceções, no movimento espírita e notadamente na área mediúnica, são ainda limitados os amantes do estudo da doutrina, bem como da sua aplicação

Jesus era médium?

Qual a causa primeira da inspiração?
– A comunicação mental do espírito.

O Livro dos Médiuns – **Allan Kardec**
(Cap. XV, questão 183)

MUITOS TÊM JESUS como um grande mago que, através da sua magia, fascinava as multidões, satisfazendo-lhes os pueris desejos. Outros o consideram um santo a realizar milagres a quantos o buscaram, desconsiderando a aplicação das leis cármicas, físicas e biológicas do planeta. Ainda alguns atribuem a sua personalidade à personificação do próprio Deus, encarnado por ato de extremo amor aos sofredores. E há, por mais estranho que possa parecer, outros que o retratam como um ser fluídico, a representar, no palco do mundo, uma tragédia na qual não sucumbiu por não ser carnal, deixando a seus adeptos a panaceia melíflua de erradicar as gangrenas da vida sem a sudorese do esforço.

Jesus foi o espírito mais evoluído que já habitou entre nós, aquele a ser tomado como modelo de comportamento para as nossas ações. Ditou o código moral mais perfeito para o burilamento dos seres humanos, seus irmãos menores, que um dia atingirão igualmente a plenitude do amor. Não é um deus, porque Deus é único e criador da essência da vida e dos vivos, que são os princípios inteligentes a evoluírem para a fase hominal, de onde adentrarão para a excelsitude. Não fez milagres, porque estes não existem no sentido restrito do termo, qual seja, o de anular a existência e a ação das leis naturais. No seu sentido mais amplo, tudo é milagre, porque cada cena da vida traz a marca inconfundível da justiça e sabedoria divinas.

Os atos da vida de Jesus são explicados por leis que muitos desconhecem, mas que são naturais. A visão a distância, o desdobramento, a cura, o domínio na manipulação dos fluidos, a premonição, o forte magnetismo pessoal e a sua superioridade moral o tornaram capaz de modificar situações de aparente estabilidade. Era, pois, dotado de mediunidade natural, em grau compatível com a sua evolução, mediunidade esta que não se caracterizava em sua manifestação por estados particulares de excitação, mas, sendo natural e de domínio pleno, podia ser acionada em qualquer angulação, pela vontade educada que o caracterizava a qualquer instante. Todavia, Jesus não veio destruir a lei, o que nos autoriza dizer que seus atos estavam submetidos ao crivo dessa mesma lei, que não se desvirtuava para estabelecer privilégio a quem quer que fosse.

Jesus era médium com excepcionais faculdades, que lhe permitiam transmitir das esferas divinas de onde veio o pensamento e o amor que os superiores nos dedicam.

Se você é médium, inútil buscar outro guia. Apenas Jesus é o caminho, a verdade e a vida.

SATANÁS COMUNICA-SE NAS REUNIÕES ESPÍRITAS?

Por que Deus permite que os espíritos maus se comuniquem e digam coisas más?
– Mesmo o que há de pior traz um ensinamento. Cabe a vós saber tirá-lo. É necessário que haja comunicações de toda espécie para vos ensinar a distinguir os espíritos bons dos maus e para que vos sirvam de espelho.

O Livro dos Médiuns – **Allan Kardec**
(Cap. XXIV, questão 268, § 16)

SEGUNDO OS TOLOS, os ingênuos, os ignorantes e aqueles que procuram dominar pelo medo e depreciar o espiritismo, sim. Segundo a lógica, o bom-senso e a verdade, não. Hoje, em pleno século das luzes, admira-nos que alguém possa crer no demônio, uma entidade maléfica, com poderes de reter por toda a eternidade em seus domínios aqueles que, por vários motivos, se fizeram de ovelhas desgarradas do rebanho do Cristo. A criação de um céu e um inferno, como regiões geográficas e específicas a certos tipos de habitantes, vai de encontro aos anseios de justiça e às aspirações de felicidade do homem. Vai mais além, pois nega uma lei básica da vida que é a evolução, ao condenar à contemplação eterna os eleitos na companhia de Deus, e os perdidos à convivência com Satanás.

Falamos de justiça, relacionando essa virtude à eternidade da pena. Se há condenação eterna, não há condições de remir os pecados, nem indulgência, sendo inútil o arrependimento do condenado. Mas que justiça é essa? Faríamos isso a nossos filhos? A justiça terrena eivada de falhas ainda é preferível, pois permite aos maiores criminosos visitas de familiares, indultos, estudos, ofícios e liberdade condicional, a depender de bom comportamento. Não é uma afirmação de Jesus a de que, apesar de sermos maus, fazíamos boas coisas a nossos filhos e Deus nos faria maiores? Não quis com isso dizer que a nossa bondade era relativa à nossa imperfeição e que a bondade de Deus era infinita?

Esse sistema das penas eternas nega, portanto, a bondade e a justiça divina de imediato, pois ao condenar alguém ao inferno, condena igualmente a um outro que o ama, e que está no céu, ao sofrimento eterno, pois ninguém é feliz vendo o ser amado no sofrimento Se nega a justiça e a bondade de Deus, retira-lhe a sabedoria, atribuindo a seu plano de punições e recompensas um céu de imobilidade, de contemplação, de massacrante rotina, qual seja a de admirar anjos e santos no seu bater de asas ou arpejos sinfônicos, subtraindo ao espírito a velha aspiração de evoluir, crescer, aprender mais e sempre.

O céu apresentaria assim um caráter finito para o espírito, de vez que seus ocupantes atingindo os últimos estágios de evolução não mais se animariam ao crescimento espiritual. Ocorre que, para os que gostam do trabalho, os que se acostumaram ao estudo e os que acreditam que servir a Deus é servir ao próximo, aliviando-lhe a carga, qual exemplificou Jesus, esse céu seria um inferno. Imaginem! Um céu onde nem varrer as nuvens é possível, pois elas estão sempre limpas. É o suprassumo do suplício para o trabalhador. Mas Jesus afirmou: *"Eu trabalho e meu pai trabalha sem cessar."* Mostrou-nos assim a dinâmica da vida.

Que existem regiões de sofrimento atroz nos planos inferiores, não há como ou por que negar. Mas esse sofrimento e essas regiões estão submetidas ao progresso do espírito que lá se encontra, possuindo, portanto, caráter temporário. São zonas de reeducação espiritual, onde a esperança e o esforço de reabilitação podem viger e o arrependimento não é inócuo, mas prenunciador de ascensão e crescimento. Se estes são demônios, dos quais fogem muitos religiosos, abandonando-os à própria sorte, nós os recebemos nas reuniões e lhes falamos de Jesus e de sua doutrina, enquanto lhes aplicamos a medicina espiritual. Mas não são somente estes que nos honram com as suas presenças na mesa mediúnica. São trazidos a atendimento seguidores das várias religiões, que, ao desencarnarem, não encontram o que esperavam: o católico, o tão almejado Céu, prometido em vida; o pecador, aliviado por não encontrar o terrível demônio; o protestante, atordoado de tanto esperar a volta física de Jesus; o testemunha de Jeová, admirado, porque cegamente aprendeu a nos acusar de práticas diabólicas; o materialista, ao rever seus despojos carnais, rendido à sobrevivência do espírito; e um sem-número de enfermos do corpo e da alma. Todos têm livre acesso às reuniões mediúnicas, desde que se façam merecedores de nela adentrarem.

Só nunca conversei, em todos esses anos de prática mediúnica, foi com Satanás. A simples razão de crer na sabedoria de Deus, que não se enganaria ao criar um anjo perfeito que depois o trairia (lenda de Lúcifer) passando a competir com Ele pela posse das criaturas, me autoriza a desacreditar em tão ilógica personagem. Pensar o oposto, que o Diabo existe e que, na eterna luta contra o bem, ainda não foi detido por Deus, colocaria o Criador em uma posição de fragilidade, de impotência e até mesmo de *desumanidade*, visto não se importar muito com os destinos humanos, daqueles condenados ao espeto do capeta. Seria rebaixar o Criador para aquém da própria criatura, que, via de regra, defende com unhas e dentes as suas crias.

Para aqueles que curtem a problemática da existência do demônio, tremendo ao ouvirem tal palavra, segurando crucifixos, santinhos, dentes de alho, figas e outros balangandãs, e que emitem gritinhos nervosos, mostram tremores nas mãos, arrepios nos pelos, quando alguém lhes fala do Tinhoso, transcrevemos alguns questionamentos sobre a sua existência.

Admitindo-se a existência de um inferno com penas eternas e de um demônio que lhe administre as funções, como explicar as situações a seguir, sem incorrer em prejuízos nos conceitos de justiça, bondade, poder e sabedoria divinas?

a) A separação definitiva dos seres amados, quando um vai para os céus e outro baixa aos infernos.
b) As justificativas de Jesus, ao dizer que nenhuma ovelha do seu rebanho se perderia e que jamais nos deixaria órfãos. Seria ele um mentiroso? Não nos ensinou pelo pai-nosso a pedir perdão a Deus pelas nossas falhas, condicionando-o ao perdão aos nossos semelhantes? Se Deus é incapaz de perdoar, por que pedir-lhe indulgência?
c) A condenação eterna, sem uma *chance* para o culpado, quando isto é tido como um princípio falho pelos códigos penais modernos, em que atenuantes e agravantes são considerados e através dos quais o culpado pode recorrer e receber indulto por bom comportamento, em virtude de entender-se que o mal é transitório e passageiro e que a regeneração é possível com a reeducação. Seria a justiça divina inferior à nossa?
d) Sendo a evolução espiritual uma realidade inquestionável, como explicar o estacionamento definitivo na dor?

Definitivamente, nas reuniões espíritas, não entramos em comunicação com Satanás, pois ele só habita as cabeças infantis de alguns religiosos dogmáticos. Dialogamos, algumas vezes, com espíritos endurecidos e maldosos, que se afiguram, pelas suas torpezas, ao símbolo do mal ou demônio. Contudo, sabemos dos seus sofrimentos e da transitoriedade do estado evolutivo em que se detêm. Para nós, a existência do Diabo é apenas uma fábula ao melhor estilo, ou seja, o de retratar em um símbolo aquilo que de pior existe ou existiu em nós: a escassez temporária do bem.

Dentro da mesma temática, recomendamos a leitura de *Anjos e demônios* (*in*: Kardec, Allan – *O Livro dos Espíritos*, Livro Segundo, cap. I, questões 128 a 131).

Os espíritos nos perseguem?

Mas é necessário evitar de atribuir à ação direta dos espíritos todas as nossas contrariedades, que, em geral, são consequência da nossa própria incúria ou imprevidência.

O Livro dos Médiuns – **Allan Kardec**
(Cap. XXIII, questão 253)

QUEM NÃO SOFRE perseguições no mundo de hoje? Da poluição generalizada ao mau humor do vizinho, dos apelos aos prazeres materiais à preguiça pelo trabalho espiritual, somos convidados a uma reação que varia em sua ostensividade, conforme os padrões éticos a que nos filiamos. No entanto, as maiores perseguições são as que sofremos de nós próprios, sob a forma de orgulho, vaidade, egoísmo, lascívia, violência, ciúme. Esse tipo de perseguição às vezes surge mascarado como necessidade para o corpo, alívio para a alma, merecida distração ou lazer, honra ultrajada, previdência e mil e uma artimanhas que os sofistas tão bem utilizam como forma de pôr anteparos à consciência, quando esta lhes desaprova os cometimentos.

Dizem os tolos que, estando na carne, é preciso atender aos chamados desta, esquecidos de que "estar" é situação passageira e "ser" é condição permanente. Negam sua condição de ser espiritual e rebaixam-se ao puro materialismo, quando a lógica prescreve que cuidar do corpo não significa entregá-lo a prazeres fúteis, e sim, preservá-lo dos excessos e desregramentos. São os perseguidos pela ignorância. São os gozadores, vezeiros em fugir do trabalho, que apontam a inutilidade desse burilador, dizendo-se não recompensados do esforço empreendido, mostrando o jegue como exemplo de que o trabalho não gera riquezas, por não trazer os cascos de ouro. São os perseguidos pela preguiça. São os que escondem riquezas improdutivas, submetendo o corpo e a mente a paranoico regime de sempre acumular. São as aves de mau agouro que, sempre esperando desastres e tempos ruins, justificam seu pessimismo e ganância sob a máscara da previdência. São os perseguidos pelo egoísmo. São os brutalizados pela cólera que, diante do mínimo gesto por eles interpretado como ofensa, invocam a lei do *"olho por olho, dente por dente"*, única passagem da Bíblia a que se afeiçoaram, quando lá também existe o *"perdoar setenta vezes sete vezes"*, e partem contra o próximo com ânsias de esganá-lo. São os perseguidos pela violência. São todos perseguidores/perseguidos, cuja paz distanciada os convida à doce intimidade por mil maneiras que não conseguem ver, já que o convite contraria-lhes as seduções.

Perseguidores e perseguidos são geralmente papéis assumidos pelo mesmo espírito no cenário do mundo. O perseguidor não existe isoladamente, pelo simples fato de todo perseguidor ser um perseguido em sua intimidade. Mas nem tudo é perseguição na vida. Há excesso de fantasia na atuação dos espíritos contra nós. Se alguém tropeça na rua, perde dinheiro no jogo, sofre de azia ou encontra uma mosca na sopa, é justo admitir que os espíritos em nada influíram para a ocorrência dessas trivialidades. Qualquer espírito só consegue alguma ascendência sobre nós devido às nossas imperfeições morais. Podendo apenas agir pelo pensamento, difícil será para ele colocar baratas em nossa cama ou pular de repente à nossa frente a gritar: – *Peguei!* No entanto, podem sondar nossa personalidade e, detectando nossos pontos vulneráveis, agir através deles, sem que desconfiemos, o que é mais perigoso.

Mas se nos perseguem é porque os convidamos pela

nossa invigilância e desregramento. Aliás, muitos encarnados se comprazem nessas perseguições, e até invertem os papéis, passando a perseguir os desencarnados com chamamentos contínuos. Se nossos pensamentos elegem nossas amizades, é de responsabilidade nossa a confraria a que nos filiamos. Se as moscas nos perseguem devido à sujeira que ostentamos, é racional que nos livremos delas por métodos de higienização. Aprendamos de uma vez que a mesma condição espiritual que nos permite perseguidores nos faculta defensores, quando existe a lucidez na escolha dos caminhos. Se agimos visando ao bem, ao aperfeiçoamento, os perseguidores podem até sofrer mutações, voltando-se ao equilíbrio. No mais, ninguém está só entregue às feras no mundo. O espírito caminha na linha traçada por ele, sem que a assistência maior o perca de vista, aguardando o momento próprio para manifestar-se.

Estejamos cientes das perseguições possíveis, e conscientes de que, atraí-las ou repudiá-las, são determinações nossas. E confiemos em que, pelo esforço renovador, aquele que perseverar até o fim será salvo.

Parte II

Parte II

Introdução

É COM RENOVADA alegria que organizamos a segunda parte deste volume, *Mediunidade – Tire suas dúvidas*, assunto palpitante e necessário aos trabalhadores das casas espíritas.

Muitas vezes nos deparamos, em nossas conversas e encontros com os amigos espirituais, dialogando sobre temas complexos, ocasião em que o aprofundamento não ocorre, devido ao desconhecimento da área abordada. O médium, ao sair da cultura de superfície para a cultura de profundidade, favorece que os comunicantes lhe elucidem, com desembaraço e segurança, as causas patológicas e psíquicas vinculadas às obsessões, os temas filosóficos e doutrinários, segundo angulações científicas não apreciadas pelo grupo, os preceitos morais renovadores apoiados na autoconfiança (sem o orgulho do saber mas com a humildade de quem sabe). Essa conquista traz sempre a marca do esforço e da perseverança nos estudos. É preciso aprender a amar mas é igualmente urgente amar a aprender, obedecendo aquela linha do *amai-vos e instruí-vos* preconizada pelo Espírito de Verdade, que é o próprio espírito do espiritismo.

Nesta parte, apreciamos alguns conceitos e interpretações no campo mediúnico tidos como verdadeiros por leigos, mas sem respaldo na codificação kardequiana. São questões do cotidiano que, devido à falta de estudo sistemático, virose que ataca largo número de adeptos desta doutrina de luz e de esperança, acabam por contaminar-lhe a divulgação correta.

Mediunidade exige suor e perseverança, estudo e disciplina, atributos conquistáveis com amor à causa, sob o patrocínio de Jesus.

Para mim será uma alegria saber que de alguma forma, em algum lugar, alguém, motivado por seus anseios de crescimento, tomou este livro nas mãos e aprendeu algo que pôde usar no exercício do bem comum.

Simples servente dos mestres de obras que dirigem nossas construções, sou grato pelas oportunidades de serviço que me fornece Jesus, o excelso engenheiro, sob a orientação de Deus, o grande arquiteto.

Se o estudo é o amor em crescimento, o trabalho é o amor em movimento. Relembrando velho provérbio da minha terra, eu diria aos trabalhadores espíritas: *"Parou, morreu!"*.

Vivamos com Jesus.

O CENTRO ESPÍRITA FAZ EVOCAÇÕES DOS MORTOS?

> *Os espíritos necessitam da evocação para se manifestarem?*
> *– Não. Manifestam-se muito frequentemente sem ser chamados, o que prova que o fazem de boa vontade.*
>
> **O Livro dos Médiuns** – **Allan Kardec**
> (Cap. XXV, questão 282, § 22)

AINDA EXISTEM CRÍTICAS às práticas espíritas de intercâmbio com os desencarnados, que a casa espírita promove. Alguns citam, com ares de sabedoria, ocasião em que estufam o peito para arrotar asneiras, que Moisés proibiu a comunicação com os mortos, por ser coisa do demônio. Outros, mais ignorantes ainda, dizem que Deus fez essa proibição, entendendo como atitude de desrespeito a um morto a evocação de sua pessoa. E outros ainda, cuja ingenuidade assusta pela intelectualidade que procuram aparentar, apregoam que tal possibilidade, a de um morto vir a ter com os vivos, é inexistente.

Como conciliar a proibição de Moisés com a inexistência do fato? Pode-se proibir algo cuja probabilidade de ocorrência seja nula? Como entender a proibição de Moisés, sob a condição de letargia dos espíritos após a morte, segundo a interpretação de alguns, em demorado sono, à espera da volta de Jesus? Se estão em sono letárgico e não podem atender ao chamamento, como se comunicavam no tempo de Moisés? Haverá quem diga ser o demônio que se manifesta em resposta a quem faz evocações. Mas os espíritos sempre se manifestaram ao longo da história.

Ninguém, em tempo algum, jamais lhes calou a voz, uma vez que são livres e bem acordados para soprarem onde quiserem. Como os fenômenos mediúnicos, que não são de invenção, descobrimento ou propriedade do espiritismo, começaram a eclodir no seio de outras religiões, a teoria de que é o demônio que se comunica prevaleceu apenas para os centros espíritas, sendo o *Espírito Santo* quem visita os demais templos, a comunicar as bem-aventuranças aos escolhidos ou eleitos pelos céus.

Se querem saber se o espiritismo evoca os mortos, diremos que não, pois os espíritos são bem vivos e não esquecem àqueles a quem amam ou odeiam, interferindo constantemente nos mais corriqueiros atos do cotidiano dos encarnados. Se desejam saber se evocamos a presença de espíritos, diremos que sim, pois sem eles não haveria o fenômeno mediúnico. Evocamos a figura de Jesus em nossas preces. Não é ele um espírito puro? Solicitamos a presença em nossos trabalhos dos bons espíritos, como o Dr. Bezerra de Menezes, do nosso anjo guardião, dos mentores da casa, dos nossos instrutores, que sempre comparecem de boa vontade para o sublime apostolado a que se propõem. Jamais os encontramos em repouso, lazer ou sono letárgico. E digo mais. A presença desses irmãos não depende das nossas evocações, pois comunicam-se independente delas, bastando para isso que exista a necessidade de auxílio fraterno a enfermos ou de esclarecimentos às mentes voltadas ao trabalho da caridade.

Não entendemos nem admitimos que um espírito deixe de amar a quem amava, por ter mudado de plano, e que se recuse a comunicar-se havendo um meio de fazê-lo: a mediunidade. Todavia, no sentido vulgar das evocações, no sentido amplo que atrele cada comunicação a uma evocação, não estamos incluídos. O roteiro de visitas de uma reunião é delimitado pelos dirigentes espirituais, de acordo com as necessidades e a urgência nos atendimentos. Sendo o centro espírita um hospital-oficina, visitam-lhes as dependências enfermos e médicos, pela parte hospitalar, e técnicos e estudiosos, pela área trabalhista, sem que passem por nosso evocatório.

É preciso lembrar que a evocação tem aplicação não somente na esfera do espiritismo. É um fenômeno mental comum a todos os viventes. Quando recordamos o passado, evocamos lembranças distantes que tomam vida em nosso presente. O pensamento voltado para um familiar que partiu para a pátria espiritual é uma evocação, no sentido literal da palavra. Quando pensamos, evocamos companhias espirituais para a nossa convivência, pelo que muito nos festejam. Pensar é evocar. Kardec, por ocasião da coordenação da ideia espírita, utilizou-se da evocação por incontáveis ocasiões. Leia-se o livro *O Céu e o Inferno*, cujos ensinamentos foram estruturados através das evocações espíritas.

Não é difícil evocar os espíritos, embora isso seja dispensável. Difícil ou mesmo impossível é negar que os espíritos possam comunicar-se com alguém, evocados ou não.

Que sosseguem os que professam outras religiões. Nós, espíritas, não os perturbaremos quando desencarnarem. Tampouco os repeliremos quando, acanhados, buscarem esclarecimentos através da comunicação mediúnica. Não os molestaremos em suas crenças. Não faremos barulho para acordá-los no glorioso sono após a morte. Em suma: não os evocaremos, apesar de admitirmos a realidade das manifestações.

O espírita consciente evoca o seu passado, com vistas ao aperfeiçoamento presente e futuro. No mais, evoquemos a Jesus, para que, em nos invocando para o seu serviço, possamos despir-nos dos preconceitos e vestir-nos de caridade.

OS MÉDIUNS DEVEM USAR VESTIMENTAS OU SÍMBOLOS ESPECIAIS?

Aqui nos limitaremos a dizer que, além da linguagem, podemos considerar como provas infalíveis da inferioridade dos espíritos: todos os sinais, figuras, emblemas inúteis ou pueris [...]

O Livro dos Médiuns – Allan Kardec
(Cap. XVII, questão 211)

A RESPOSTA AFIRMATIVA a tal pergunta equivale a uma ficha de identidade de quem a respondeu, no registro dos ignorantes nas questões espíritas.

Em que alteram as condições físicas, morais, intelectuais ou perispirituais do médium, que lhe constituem credenciais para uma comunicação aperfeiçoada, o uso de uma roupa branca ou vermelha? Sentir-se-á humilhado o espírito comunicante, em transmitir sua mensagem por um médium modesto no vestir? Havendo sido general, recusaria falar por um soldado? A considerar tais angulações como empecilhos para a mediunidade, chegaríamos ao absurdo de pensar que um espírito cuja forma perispiritual seja masculina não se utilizaria de um médium feminino, para não ferir a sua masculinidade.

Os que se prendem a símbolos ou vestimentas especiais, julgando com isso aumentar a eficiência nos trabalhos mediúnicos, ainda se encontram na periferia do fenômeno, da mesma forma que a roupa está na periferia do corpo. Prendem-se ao aspecto material daquilo que é "imaterial", valorizando a forma e menosprezando o conteúdo, cuja abstração não compreendem bem. São superficiais e, embora assim procedam, mostrando desconhecimento ao lado da boa vontade, não representam a doutrina dos espíritos, que dispensa as inutilidades do guarda-roupa e da ornamentação exterior.

Interessa aos bons espíritos a simplicidade e a limpeza. Nenhum símbolo material: talismãs, esculturas, cores especiais, nada disso tem o poder de obrigar um espírito ao comparecimento a uma reunião. O convite é feito pela boa intenção, a prece sincera, a vontade de servir. A botinha branca com o pensamento escuro não sensibiliza os espíritos bons, no sentido de que eles venham a compactuar com a moda pela assiduidade nesse ambiente. Eles podem até comparecer para aconselhamento, mas, se não são ouvidos, retiram-se. A bola de cristal não atrai o espírito esclarecido. Pode exercer atração em algum desencarnado curioso, brincalhão, leviano. O colar no pescoço não significa passaporte para os espíritos sérios; talvez para os primitivos, os interessados em patuás, penduricalhos, chocalhos, balangandãs. Os pontos riscados, velas, incensos, bonecos, nada significam para os trabalhadores do bem. Não possuem nenhuma força de atração sobre eles, nenhum poder. Estes não comparecem a tais salões de beleza ou lojas de quinquilharias, quando o desejo sincero de ajudar o sofredor está ausente.

Os que primam em demasia pela vestimenta querem tornar-se menos feios, o que não seria censurável, se não houvesse o defeito da vaidade, se fosse apenas para embelezar mais o mundo, chocando-o menos com suas mazelas físicas e morais, obrigação nossa. No entanto, a vestimenta, a *túnica nupcial* a que referiu-se Jesus, a que devemos dar prioridade, embelezando-a, é o perispírito. Isso não quer dizer desleixo para com o corpo ou para com o guarda--roupa. Cuidar do corpo e do espírito é dever nosso que temos de praticar sem o indiferentismo pela evolução espiritual ou o exagero pela etiqueta.

Quando Einstein era repreendido pela mulher, por seus trajes inadequados, perguntava: – *É o traje que melhora o ser humano?* Então costumava citar Spinoza, no trecho que decorara para essas ocasiões: – *Mau seria se o saco fosse melhor do que o cereal que nele vai.*

– *É a vestimenta que torna o médium mais eficiente? Mau seria se a bata fosse mais importante que o corpo que nela está. Pior ainda se este fosse mais valorizado que o espírito que nele vai.*

O médium e a sala mediúnica não necessitam de ornamentos especiais. Exigem, sim, limpeza, sobriedade, simplicidade, envolvimento emocional com o trabalho que ali se efetua, para que seja sempre mais produtivo e harmônico. O resto é dispensável.

É questão de estudo e de aplicação desse estudo às condições de trabalho. Quem estuda o espiritismo sabe que a mente é que comanda, soberana, as relações com o além-túmulo.

O MÉDIUM DEVE REVELAR SUAS INTUIÇÕES DURANTE A REUNIÃO?

Os espíritos bons permitem que os melhores médiuns sejam, às vezes, enganados, para que exercitem o seu julgamento e aprendam a discernir o verdadeiro do falso. Além disso, por melhor que seja o médium, jamais é tão perfeito que não tenha um lado fraco, pelo qual possa ser atacado. Isso deve servir-lhe de lição. As comunicações falsas que recebe de quando em quando são advertências para evitar que se julgue infalível e se torne orgulhoso. Porque o médium que recebe as mais notáveis comunicações não pode se vangloriar mais do que o tocador de realejo, que basta virar a manivela do seu instrumento para obter belas árias.

O Livro dos Médiuns – **Allan Kardec**
(Cap. XX, questão 226, § 10)

CONSTITUI-SE UM DOS fatores mais comuns em desfavor da harmonia vibratória da reunião a descrição daquilo que se passa pelo ângulo espiritual, cenas observadas, mensagens telepáticas recebidas ou qualquer tipo de informação que poderia, sem prejuízo da rentabilidade dos trabalhos, merecer comentário posterior, a título de aprendizagem, quando de caráter genérico e de conteúdo doutrinário informativo. Qualquer intuição que seja captada pelo médium deve ser criteriosamente analisada, no sentido de saber a sua origem, a sua veiculação e o seu objetivo. Lançar simplesmente a mensagem no ar, sem essa análise severa, é imprevidência que pode custar sérios danos à reunião.

É muito comum os irmãos obsessores modificarem seus perispíritos, tornando-se, momentaneamente, semelhantes, nos traços fisionômicos, ao dirigente espiritual, ocasião que aproveitam para *aconselhar* mudanças que em seu bojo trazem o revés camuflado. De outras vezes, a imitação se faz no linguajar característico de certo espírito amigo, que, conhecido e treinado pelo obsessor, traz a peçonha entre conselhos aparentemente afetuosos. Neste caso, o obsessor não se mostra; apenas emite o pensamento que é captado pelo médium que, se for vigilante, depois passará a intuição ao dirigente, ou, se não for, a guardará para si, sendo induzido a se lembrar muitas vezes do aconselhamento, numa espécie de hipnotização lenta que o obrigará a agir conforme a vontade dominante.

O médium que assim procede é deseducado e precisa aprender a identificar, juntamente com a mensagem, o tipo de fluido da fonte emissora. Os espíritos amigos podem ser identificados fluidicamente pelo bem-estar específico que provocam no médium. Revelar intuições durante a reunião somente quando a necessidade é imperiosa. No mais, é mostrar imaturidade, visto que, em ambiente de pensamentos voltados à concentração edificante, qualquer ruído é fator de desestabilização. Há de se notar, em alguns casos de médiuns demasiadamente intuitivos, um pouco de orgulho pela vidência ou audiência que possuem, como a querer mostrar que são eficientes, que os mentores confiam em suas faculdades e que se destacam dos demais, julgando que estão sempre sintonizados com os objetivos maiores. Incoerentes é o que são. Se existe um doutrinador na reunião, os mentores levarão suas intuições a ele, que deve ter afinidade e sintonia com o objetivo a que se propõe.

Lembremos as lições de humildade ministradas por Jesus. O maior é sempre o melhor servidor. E não se chega a bom servidor quando o ruído do serviço é mais intenso que o benefício que traz.

Em reuniões desobsessivas, qual a prioridade: disciplina ou caridade?

> A Sociedade só admite pessoas que simpatizem com os seus princípios e o objetivo dos seus trabalhos, aquelas que já estiverem iniciadas nos princípios fundamentais da Ciência Espírita ou estiverem seriamente animadas do desejo de nela se instruírem. Em consequência, ela exclui todos os que possam trazer motivos de perturbação às suas reuniões, seja por uma atitude de hostilidade e oposição sistemática, seja por qualquer outra causa, fazendo-a, assim, perder tempo em discussões inúteis. Todos os membros se obrigam reciprocamente à benevolência e ao bom tratamento, devendo, em todas as circunstâncias, colocar o bem geral acima das questões pessoais e do amor-próprio.
>
> *O Livro dos Médiuns* – **Allan Kardec**
> (Cap. XXX, artigo 3)

DISCIPLINA E CARIDADE são duas conquistas básicas para o espírita. Alguém que as haja conseguido será sempre um bom trabalhador, independente da área de atividade em que atua. A caridade, eleita como lema do espiritismo, em suas múltiplas faces, faculta ao aprendiz a vivência evangélica que lhe credencia os mais nobres intercâmbios com o mais alto. A disciplina, filha do equilíbrio, não permite que os arroubos emocionais descaracterizem a verdadeira intenção de auxiliar. Se a caridade manda doar, a disciplina diz a quem. Se a disciplina faz restrições, a caridade aponta a quem. Nenhuma reunião mediúnica deve reger-se por uma dessas virtudes isoladamente. Ambas se completam, apesar de, em determinadas ocasiões, haver maior ênfase para uma delas. A disciplina não permite que a caridade seja inadequadamente aplicada; nem a caridade consente a descaracterização da disciplina.

É sempre oportuno que o dirigente encarnado comente este assunto com os seus liderados e que saiba usar esse binômio com o devido equilíbrio.

Se um médium constantemente se afasta das reuniões, sem comunicar, e durante esse período curte o seu lazer, que lhe parece prioritário em relação à tarefa mediúnica, como deve agir o dirigente?

A disciplina lhe dirá que procure um médium mais responsável. A caridade pede moderação e conversa. No meio das duas, está o equilíbrio. Que se converse: é a parte da caridade. Mas conversa séria: é o enfoque disciplinar. Caso não haja mudança de comportamento por parte do medianeiro, que, apesar do entendimento a que foi chamado, não mostrou boa vontade em definir-se, a disciplina toma as rédeas e, em última conversa a pedido da caridade, deixa claro que o lazer para o espírita são os gozos do espírito e não da matéria, declarando vago o assento do companheiro invigilante.

Caridade não é pieguismo nem satisfação de vontades incongruentes. Disciplina não é agressividade nem cara fechada. A disciplina pode ser coercitiva, mas também mansa e até mesmo terna. A caridade pode parecer áspera, mas também útil e até mesmo criativa.

O que se deve objetivar na aplicação dessas duas virtudes é o progresso geral dos médiuns e do trabalho em si. Jesus usava de disciplina mas era conhecido como o meigo e doce Rabi da Galileia. Ninguém existe que haja praticado mais pura caridade que ele. Não há incompatibilidade entre essas duas virtudes. Elas se irmanam e se complementam e, quando usadas com sabedoria em uma reunião mediúnica, podem torná-la enfermaria para os bons espíritos.

Se fora da caridade não há salvação, fora da disciplina não há ordem nem progresso, fatores imprescindíveis para que um abrigo onde se pratique a mediunidade tenha o título de centro espírita.

Qual o número máximo de componentes em uma reunião mediúnica?

Entre os espíritos atraídos por essa conjugação de vontades, há os que encontram em meio aos assistentes o instrumento que lhes convém. Se não for um, será outro e eles o aproveitam. Esse meio deve sobretudo ser empregado pelos grupos espíritas que não dispõem de médiuns, ou que não os têm em número suficiente.

O Livro dos Médiuns – **Allan Kardec**
(Cap. XVII, questão 207)

O NÚMERO MÍNIMO de participantes não deve preocupar o centro espírita, desde que a qualidade se sobreponha à quantidade, como fator primordial para uma boa produtividade. É frequente observarmos que as reuniões com apenas oito ou dez trabalhadores do campo mediúnico são harmônicas e produzem mais que outras com quinze ou mais frequentadores. O trabalhador difere do frequentador pelo aspecto de responsabilidade com que se reveste o primeiro, tomando a si, como normas de prioridade máxima, o estudo, a disciplina, a perseverança e o amor ao trabalho. Daí, todo grupo mediúnico passar por uma seleção natural, antes de solidificar-se, pois aqueles que não se afinam com o estilo da maioria desistem.

Sem querer aconselhar que um grupo mediúnico opte pelo número mínimo de trabalhadores, posso revelar, por força de experiência pessoal, que sempre senti mais facilidade e sempre consegui maior rendimento com grupos menores, em torno de dez trabalhadores. As razões são múltiplas. Nesses grupos, todos se sentem necessários e percebem que, se faltarem, causarão prejuízo ao conjunto, o que às vezes não ocorre em grupos maiores. O grau de intimidade fraterna e de conhecimento acerca dos outros permite maior coesão ao conjunto. A diversidade de opiniões e comportamentos é menor, pela razão simples de menor ser o número de participantes. No entanto, tudo isso é relativo e depende do tipo de operário que o centro espírita possui.

Em julho de 1980, o Conselho Federativo Nacional da Federação Espírita Brasileira chegou à seguinte conclusão, resultante do IV Ciclo de Zonais, que teve como objetivo oferecer sugestões e subsídios aos centros espíritas do país, visando a um melhor desempenho de suas funções:

Reunião de Estudo e Educação da Mediunidade.
Composição da mesa diretora dos trabalhos:

a) Dirigente da reunião.
b) Um ou dois auxiliares do dirigente.
c) Candidatos ao estudo e à educação da mediunidade.
* Tempo de duração da reunião: uma hora e trinta minutos.
* Número de participantes: não mais que 25 pessoas.

Reunião de Desobsessão.
Composição da mesa diretora dos trabalhos:

a) De 2 a 4 médiuns esclarecedores.
b) De 2 a 4 médiuns passistas.
c) De 4 a 6 médiuns psicofônicos.
* Tempo de duração da reunião: 2 horas no máximo.
* Número de participantes: 14, no máximo.

Como cita o documento, são apenas sugestões que devem ser adaptadas à realidade de cada seara espírita, funcionando, como norma genérica, o bom senso dos dirigentes, razão pela qual devem conhecer e praticar os postulados espíritas, primando pela pureza doutrinária.

Se o dirigente permite o ingresso nas reuniões mediúnicas de pessoas sem o devido preparo para a função porque são amigas, ou porque lhe fizeram favores, ou porque sentem dificuldade em dizer não, extrapolando esse bom senso no tocante à qualidade e à quantidade, não mais podemos considerá-lo dirigente, nem a reunião, mediúnica. Temos apenas um insensato tratando com outros insensatos, o que, confirmamos com pesar, ainda existe no movimento espírita de algumas regiões brasileiras.

Vibremos! Isso haverá de mudar.

QUANTAS COMUNICAÇÕES O MÉDIUM DEVE PERMITIR POR REUNIÃO?

O exercício da faculdade mediúnica pode causar fadiga?
– O exercício muito prolongado de qualquer faculdade produz fadiga.

O Livro dos Médiuns – **Allan Kardec**
(Cap. XVIII, questão 221, § 2)

ISSO DEPENDE DE muitas variáveis. Mas, a rigor, se a reunião possui médiuns suficientes e preparados para o trabalho, duas comunicações são suficientes. Caso contrário, a equipe espiritual ultrapassa esse limite, observando as condições de cada trabalhador em particular. São fatores que influem no número de comunicações para cada médium, os seguintes:

a) O número de médiuns no grupo.
b) As condições físicas, morais e intelectuais dos médiuns.
c) A flexibilidade mediúnica de alguns médiuns.
d) A especificidade do trabalho mediúnico.

O número de médiuns no grupo. Cada grupo mediúnico se reveste de condições especiais. Por esse motivo, as normas de caráter funcional geralmente tendem a se adaptar à realidade vivida em cada centro espírita, o que é válido, desde que a doutrina não se descaracterize com a adaptação feita. Isso ocorre com os grupos mediúnicos que funcionam com diferentes números de médiuns. Se não existem no grupo seis médiuns, trabalhe-se com cinco, quatro, três ou dois.

O importante é trabalhar primando pela qualidade. Se o grupo opera apenas com dois médiuns psicofônicos, estes, certamente, ultrapassarão as duas comunicações, mas com certo limite observado pela cúpula espiritual da casa, que não os submete a excessos.

As condições físicas, morais e intelectuais dos médiuns. Se o medianeiro não se sente bem de saúde, geralmente não transmite nenhuma mensagem, sendo aconselhável que não ocupe a mesa em corrente principal, para que os enfermeiros espirituais o examinem e o mediquem. A baixa desse operador pode significar aumento no número de comunicações dos demais, se a improvisação levada a efeito para transferir-lhe os enfermos para outros medianeiros obtiver sucesso. Quanto às condições morais, sua influência se faz sentir diretamente no tipo de assistência que esse grupo tem, atuando o médium desregrado como fator de atração para espíritos levianos e mistificadores. O fator moral influencia na qualidade das comunicações e não na quantidade, uma vez que os espíritos inferiores buscam avidamente tais grupos para dominá-los e fazê-los joguetes dos seus interesses. Já as condições intelectuais, como contribuição ao conhecimento doutrinário e geral, possibilitam comunicações elevadas, conferindo ao grupo melhores oportunidades de atuação tanto doutrinária, quanto na área da enfermagem comum, a depender dos fatores físicos e morais que devem acompanhá-las.

As condições físicas, morais e intelectuais do grupo, diferentes de pessoa para pessoa, são, na realidade, os pontos mais relevantes para a sua eficiência e sucesso. A análise individual de cada componente nesses três aspectos decide pelo tipo e número de manifestantes que podem ou que devem ser usados em cada transmissão. Intelectuais preferem intelectuais, moralizados optam por moralizados, enfermos necessitam de sadios. Esse tipo de relação influi de maneira enérgica na distribuição das tarefas em uma reunião mediúnica. Acresce que os espíritos moralizados não subtraem energias do médium nem deixam nenhuma sensação de fadiga ou mal-estar. Pelo contrário, os fluidos de tais espíritos deixam serena impressão de paz. As comunicações com enfermos provocam certo cansaço, pela evasão fluídica do médium para o paciente. Temos aí um quadro singular. Um médium pode transmitir quatro comunicações de espíritos moralizados e não sentir nenhuma fadiga, mas outro, com apenas duas comunicações de enfermos, pode sentir-se cansado. O que fazer? Não seria possível aos dirigentes espirituais dividir entre os dois medianeiros os seis comunicantes, ficando um enfermo e dois moralizados para cada um? Isso depende da variável seguinte.

A flexibilidade mediúnica de alguns médiuns. Um médium pode atuar sistematicamente recebendo enfermos. É o traço característico do seu mediunato, trabalhado em seu perispírito antes do reencarne. É o chamado *médium sem flexibilidade.* Alguns deles até se sentem encabulados por nunca receberem o mentor da casa, depreciando-se, pensando estar imensamente distanciados da sua intimidade, quando a linha de trabalho a que se submetem mais os aproxima dele. O médium flexível transmite mensagens das mais variadas fontes: crianças, enfermos, obsessores, mentores, caboclos. A existência ou não dessa flexibilidade no grupo de médiuns pode influir no número de comunicações.

A especificidade do trabalho mediúnico. Às vezes, o grupo mediúnico opera em faixas específicas do campo mediúnico, como resgate de escravos, recolhimento de crianças desamparadas, atendimento a abortados, a suicidas, hansenianos, vítimas de guerras ou catástrofes. Esse trabalho, levado a efeito paralelamente ao ritmo normal da reunião, em ocasiões especiais, toma-lhe todo o tempo, devido à urgência de que se reveste. Nessas ocasiões, os médiuns dotados da faculdade de desdobramento são os mais acionados, deslocando-se em auxílio a enchentes, terremotos, desabamentos, guerrilhas etc, permanecendo os demais em preces e vibrações. Esse trabalho específico é também outro fator que não nos permite distribuir equitativamente as comunicações em uma reunião mediúnica, que, pelo seu aspecto dinâmico e diferenciado, não pode nem deve obedecer à rigidez dos monólitos.

Quando o grupo é equilibrado, a divisão de trabalho é feita pelos mentores espirituais, que, sem privilégios ou nepotismos, distribuem as tarefas, obedecendo às variáveis citadas. Se não há equilíbrio, se apenas um ou dois médiuns trabalham e outros bloqueiam, é papel do doutrinador investigar, dialogar e sanar o contratempo. Não nos esqueçamos de que existem médiuns ciumentos, fascinados, críticos, improdutivos, melindrosos, e de que os bons espíritos têm preferência por aqueles que, de boa vontade, a favor do bem, se tornam dóceis ao trabalho de Jesus.

Em uma reunião mediúnica, os homens devem ficar separados das mulheres?

> Quando se quer fazer uma experiência, numa reunião, basta simplesmente sentar-se em torno de uma mesa e colocar as mãos espalmadas sobre ela, sem pressão nem contensão muscular. No princípio, como as causas do fenômeno eram ignoradas, indicavam-se numerosas precauções, depois reconhecidas como inúteis. Por exemplo, a alternância de sexos, o contato dos dedos mínimos das pessoas para formar uma cadeia ininterrupta.
>
> *O Livro dos Médiuns* – **Allan Kardec**
> (Cap. II, questão 62)

O ESPÍRITO NÃO tem sexo, conforme o entendemos na vida corpórea. Eventualmente reencarna sob o invólucro masculino ou feminino, afirmando-se em seu psiquismo como macho ou fêmea, quando, por sucessivas encarnações, venha habitando corpos de um mesmo sexo. Mas é necessário que o espírito adquira experiências variadas, o que só é possível pela alternância de sexos. Como conhecer a maternidade, por exemplo, sem viver-lhe as nuanças? No mais, o sexo não importa muito ao espírito por ocasião do seu reencarne. O que interessa é a realização dos planos de vida. Se estes podem mais facilmente ser concluídos em um corpo feminino, sem dúvida ele optará por este. Caso sua prova ou missão seja mais compatível com um corpo masculino, ele não hesitará em reencarnar como homem. O espírito é, portanto, o princípio inteligente habitando corpos de homem ou mulher, o que torna a ambos semelhantes em direitos e deveres e, como médiuns, dotados de sensibilidade, a qual se distingue apenas através da condição moral e intelectual de cada um. Essa é a regra.

O médium encarnado como homem será superior ou inferior ao médium encarnado como mulher, a depender do seu grau evolutivo. A superioridade ou a inferioridade procede do espírito e não do corpo, que é apenas mero refletor das condições espirituais. A partir daí, separar, em uma mesa mediúnica, homens e mulheres, a pretexto de equilíbrio na corrente vibratória, é um procedimento inócuo e irracional. Quem vibra é o espírito e a vibração independe do corpo para ser projetada. Depende, sim, em sua essência, dos méritos individuais de cada medianeiro. Esse proceder (separar por sexo os médiuns) apenas demonstra o desconhecimento doutrinário de que muitos são portadores. Revela a inação do senso crítico, intelectual e lógico de muitos dirigentes espiritualistas.

O espírita deve conhecer a sua doutrina e defendê-la nos atos que pratica. Qualquer omissão nesse sentido é condenável. Ele deve ser um pesquisador, um garimpeiro da verdade. Sem fanatismo, ele age; sem radicalismo, ele opera. A intransigência só lhe deve caracterizar as ações quando ele estiver diante de algo que conteste as verdades espíritas, e não as suas verdades, porquanto, se aquelas forem diferentes destas, ele estará errado. Se alguém critica a reencarnação, o espírita, tendo esta como valor inquestionável, deve radicalizar sua opinião já que, na maioria das vezes, os debates racionais, sem o aflorar das emoções e o desarmamento de ideias preconcebidas constituem ocorrências raras.

Trabalhar é sempre mais nobre que discursar, desde que o trabalho seja o fruto resultante das pesquisas em busca da verdade, cujo discurso é apenas uma faceta. O trabalho deve ser orientado pelo estudo e este dirigido pela lógica.

Homens e mulheres são apenas espíritos, nada havendo que os separe quando visam aos mesmos objetivos. Por que separá-los, se o clima de amor que deve reinar em uma reunião mediúnica desaconselha qualquer discriminação ou desigualdade?

Que prejuízos podem causar a uma reunião mediúnica a ausência de um médium?

A vossa constância ajuda os espíritos a virem comunicar-se convosco.

O Livro dos Médiuns – **Allan Kardec**
(Cap. XXV, questão 282, § 16)

QUANDO A AUSÊNCIA é motivada por impedimentos naturais, como ocorre em casos de doenças, viagens inadiáveis ou similares, o prejuízo é amenizado, resumindo-se no não-atendimento dos enfermos que poderiam ser auxiliados pelo faltoso. Em ocasiões assim, quando os dirigentes espirituais são avisados da ausência do médium, os enfermos só serão trazidos à reunião caso haja possibilidade de atendimento por parte de um outro médium.

O problema reveste-se de gravidade, quando o faltoso não apresenta motivos sérios para ausentar-se do trabalho. É um aniversário, uma visita que recebe, o automóvel na oficina, pequena garoa ou qualquer outro evento fácil de contornar, quando orientado pela boa vontade e pela responsabilidade. Se em um hospital o médico dirigente trouxesse os pacientes, e decepcionado constatasse a ausência de enfermeiros, como procederia? Certamente buscaria outros profissionais ou mandaria de volta aos leitos os enfermos. Na reunião mediúnica a situação não é diferente. Se desencarnados enfermos fossem trazidos à reunião e a encontrassem carente de médiuns sofreriam a decepção do não-atendimento, ao mesmo tempo que poriam em cheque a eficiência do tratamento, pela leviandade dos enfermeiros. Como confiar em alguém que foge ao sacerdócio a que se vincula por quaisquer mudanças de ares? Quem gostaria de confiar a sua dor à guarda de um vigilante insensível? Eis porque a perseverança, a assiduidade, a sensibilidade e a disciplina devem sempre fazer parte da aprendizagem mediúnica.

Ao transmitir a mensagem de um espírito, enfermo ou não, o médium jamais poderá considerar-se suficientemente educado. Se costuma transmitir mensagens dos mentores, de mais aprimoramento vai precisar, pois um Bom espírito, em não deixando nenhum incômodo e não necessitando de nenhum tratamento fluídico, por não portar enfermidades sanáveis pelo método mediúnico, faz com que o médium se sinta, não raro, desobrigado dessa educação emocional que se volta em auxílio à dor, hospedando-lhe na alma os germes da solidariedade e da caridade. No mais, o médium que só trabalha em função do mentor, só a ele conferindo permissão de atuar sobre sua faculdade e só dele transmitindo recados, é um médium de relevância secundária, ao contrário do que muitos pensam, pois a prioridade de atendimento em uma reunião de desobsessão é para os enfermos, e não para o mentor. Se ele assim procede conscientemente, impondo obstáculos às comunicações dos enfermos, para não lhes sofrer constrições, é um médium improdutivo, quiçá obsidiado. Quanto aos médiuns que, conscientes de sua atuação e necessidade, se ausentam da reunião por motivos torpes, são trabalhadores negligentes que terão descontadas em seus salários as parcelas de inatividade em que se comprazem. Falo de salário mas sabemos que o salário do trabalhador fiel é a paz. Quando a paz escasseia, é porque são trocadas pelas moedas da estagnação.

Em cada enfermaria existem, obrigatoriamente, os plantonistas que dela não se afastam. Desobedecida essa regra, a enfermidade se sobrepõe à enfermagem e os enfermeiros, tocados pelo vírus do desamor, tornam-se enfermos vulgares eles mesmos. Quem quer que haja adentrado uma reunião mediúnica na posição de intermediário, há de saber agir conforme as normas da disciplina e da assiduidade. Se assim não proceder, por julgar demasiado o rigor para um trabalho voluntário, diremos que a obrigação moral é que as aconselha, a caridade é que as inspira e a consciência é que as impõe.

Todos os componentes de uma reunião mediúnica devem ter tratamento equânime?

No tocante aos espíritos inferiores, seu próprio caráter determina a linguagem que devemos empregar. Há entre eles os que, embora inofensivos e até mesmo benévolos, são levianos, ignorantes, estouvados. Tratá-los igual aos espíritos sérios, como o fazem algumas pessoas, seria o mesmo que nos inclinarmos diante de um escolar ou perante um asno com barrete de doutor. O tom familiar não lhes causa estranheza nem os melindra; pelo contrário, é o que lhes agrada.

O Livro dos Médiuns – **Allan Kardec**
(Cap. XXV, questão 280)

Recebemos com a mesma deferência os amigos e os inimigos?

No caso do amigo, o coração que, jubiloso, pulsa mais forte, movido pelo sentimento de confiança e amizade, não diverge da retração que sente, em arritmia pesarosa, pela presença incômoda do inimigo, o qual nos pode prejudicar? Os ministros, chefes de estado, autoridades do mundo intelectual, científico, filosófico e religioso não recebem tratamento diferenciado pelos postos que ocupam e pela autoridade de que estão revestidos? Por outro lado, os agressores, os críticos, os ignorantes, os maledicentes, os coléricos e os maldosos não exigem uma linguagem enérgica que, revestida de autoridade moral, os faça recuar de seus propósitos insanos? Assim é na relação com o além-túmulo, visto ser o espírito que se comunica nas casas espíritas somente um homem despojado de seu invólucro carnal, a conservar a sua individualidade, mutável apenas pelo esforço perseverante de iluminação, alteração na qual a morte em nada interfere. Seria absurdo tratar de maneira equânime a todos os comunicantes das reuniões espíritas, como seria ingênuo honrá-los com privilégios, devido às funções que ocuparam na Terra, desde que em nada lhes engrandeceram a dignidade da alma.

Ao enfermo, o tratamento fluídico devido, que visa a fortalecê-lo, é a linguagem do otimismo, da esperança, da fé em si e no Pai Celestial. Para ele, a linguagem do Cristo consolador. Ao amigo, as palavras de incentivo, a vibração da amizade, o amplexo sincero de quem se compromete a ser solidário na alegria e na adversidade. Ao obsessor, o sentimento fraterno, o esclarecimento sem compromisso, que não toma partido nem por ele nem pelo obsidiado, mas por ambos. Para ele, a caridade que devemos uns aos outros, em um mundo onde necessitamos igualmente de doutrinação e benevolência. Aos inimigos do espiritismo, aqueles que se agrupam em legiões trevosas para combater a luz e que têm como objetivo consciente a guerrilha contra as casas espíritas, a palavra enérgica, porém não descaridosa; a ação fluídica construtiva que lhes iniba o gestos agressivos; a indução hipnótica; a prece como argumento visível a contrapor-se-lhes às artimanhas; o fortalecimento da corrente vibratória, a formar escudo contra a dominação mental que procuram impor. Esse tipo de visitante desencarnado é de difícil diálogo. Com ele as citações evangélicas pouco adiantam. Revestem-se de uma couraça protetora, alicerçada pelo poder mental que possuem ou imposta pelo hipnotismo, e conseguem entender apenas a linguagem que lhes é peculiar. O doutrinador deve precaver-se contra os artifícios envolventes de tais indivíduos e entender que, quanto mais agressividade, mais sofrimento. Quanto mais afastamento de Jesus, mais necessidade de estar próximo dele, razão pela qual a regra geral para estas comunicações é a dosagem da energia pela medida da caridade.

Não existe atendimento padrão para as comunicações espíritas. O que determina o tratamento a ser dispensado é o desenvolvimento do diálogo, que, revelando a superioridade ou a inferioridade do comunicante, possibilita a formulação de remédios para os seus males. O traço que nunca deve estar ausente no atendimento é o desejo de servir, o que não implica em pieguismo inútil ou em revide nas agressões.

Às vezes, é necessário dizer palavras que despertem o espírito, tirando-o da letargia mental, o que o beneficia. Tais palavras, contudo, não devem estar impregnadas da vibração antifraterna que costumeiramente as caracteriza (– *Não! – Basta! – Chega!*), mas da enérgica emoção fraterna de quem, na condição de enfermeiro, ministra o medicamento que alivia e salva. Muitas vezes o *sim*, pronunciado pelo doutrinador para parecer bonzinho produz um efeito contrário ao esperado. O espírito tende a manter-se calado, ocultando o que poderia ajudá-lo a despertar, e essa fuga da realidade, incentivada pelo *sim* do doutrinador, adia o sofrimento, mas não o elimina.

Um espírito que se submete à auto-hipnose com a finalidade de fugir do passado, que sabe ser doloroso pelos débitos contraídos, pode perder a oportunidade de despertamento quando diz em comunicação: – *Sou um assassino! Sou um grande devedor!* Ao que o doutrinador lhe responde, sem inteirar-se dos fatos: – *Não, meu irmão! Você é uma pessoa boa. Quem de nós não comete crimes? Não se desespere com essa ideia. Você é filho de Deus. Jesus está ao seu lado e, faça você o que fizer, esteja onde estiver, ele nunca o abandonará.* Com esta resposta, o desejo de ajustar contas consigo mesmo, insuflado pela consciência do comunicante, sofre um

desestímulo, que, diga-se de passagem, era ansiado pelo inconsciente, que tudo fazia para adiar tal ajuste de contas.
– Então, o irmão acha que devo permanecer no meu trabalho e me desvencilhar dessas ideias pessimistas? – Sim, responde o doutrinador, sem aprofundar-se no diálogo para saber que o tipo de trabalho daquele espírito é justamente o de obstaculizar o desempenho da casa espírita que dirige.

O tratamento teria sido oportuno em outro paciente, uma vez que os ensinamentos eram verdadeiros. O médico não aprofundou o diagnóstico e não medicou corretamente, apesar da boa intenção que o credenciava. Foi infantil, piegas, despreparado. O seu *sim* contribuiu para a permanência do espírito no erro, embora o efeito benéfico dos ensinamentos evangélicos só venha a se fazer sentir a longo prazo, por ocasião, talvez, de um tratamento de choque.

Em termos de atendimento aos espíritos, saber alguns preceitos evangélicos não é tudo. Tato psicológico, cultura, moral, espírito de serviço, pesquisa, aprendizado constante, eis a questão.

Por que, em uma reunião mediúnica, um vidente observa um evento e outro não?

Entre os médiuns videntes há os que veem somente os espíritos evocados, podendo descrevê-los com minuciosa exatidão. Conseguem descrevê-los nos menores detalhes dos seus gestos, da expressão fisionômica, os traços característicos do rosto, as roupas e até mesmo os sentimentos que revelam. Há outros que possuem a faculdade em sentido mais geral, vendo toda a população espírita do ambiente ir e vir e, poderíamos dizer, entregue a seus afazeres.

O Livro dos Médiuns – **Allan Kardec**
(Cap. XIV, questão 168)

PARA RESPONDER A esta pergunta, é necessário entender como se processa a vidência e as suas sutilezas para cada tipo de vidente em particular.

A *vidência* é a faculdade de quem vê cenas e personagens do mundo espiritual, em estado de vigília, pois, ao desdobrar-se durante o sono, o espírito goza da visão relativa ao seu estado evolutivo. Ocorre que ver e ouvir são fenômenos ligados a faixas vibratórias. Escapam-nos, no mundo material, milhares de fenômenos para os quais a nossa visão física não está acostumada, sem, contudo, haver qualquer dúvida quanto à sua existência. O microcosmo das bactérias, vírus, protozoários, algas unicelulares, bem como o ar, as ondas magnéticas, parte do espectro das cores etc. não se encaixam à vidência física, por nossa anátomo-fisiologia não corresponder às vibrações desse diminuto e extenso mundo, anulando-o à nossa presença pela dissonância vibratória.

No mundo espiritual, a eficiência da visão também depende da adaptação visual ao fenômeno, o que equivale a dizer, estando o espírito situado em certa faixa visual por força do seu estado evolutivo, só consegue ver nas frequências a que se possa ajustar. Quando encarnado, o espírito, se detentor da sensibilidade mediúnica, continua subjugado ao estágio de evolução em que se detém, razão lógica pela qual possui vidência restrita a certas cenas e eventos do plano espiritual, sendo cego para outros cenários a que podem ter acesso médiuns cujas faixas mentais sejam diferentes, inferiores ou superiores à dele. Vê, portanto, o filme que passa em determinado canal de televisão quem nele sintoniza o aparelho. O canal, por sua vez, está graduado na frequência certa para emissão de imagens a quem o sintonize. A estação geradora de imagens seria o plano espiritual, e o médium o aparelho receptor, que só tem função quando graduado na sintonia certa. Nessa grosseira comparação, podemos admitir que dois aparelhos estejam sintonizados na mesma frequência e recebam, portanto, as mesmas imagens. Mas, estando um aparelho em outro canal, certamente irá captar outras cenas, o que não impede que, em ambos os casos, tenhamos comunicações verdadeiras.

Importa-nos também neste estudo fazer a diferença entre *faixa vibratória* e *frequência vibratória*. A faixa corresponde a um intervalo onde muitas frequências podem operar.

Digamos, hipoteticamente, que um médium vidente tenha a sua faixa de vidência estabelecida entre 500 e 1000 vibrações por segundo. Ele possui a capacidade de ver cenas que estejam nesse padrão vibratório. Mas, dentro dessa faixa, ele ocupa frequências diversas, a depender do seu estado físico e psíquico do momento. Se é evangelizado e estudioso, o seu normal será a frequência máxima, podendo observar cenas ocorridas em todo o espectro. Pode-se dizer que as frequências varrem toda a faixa, confundindo-se com ela. Se deriva ao sabor do momento, se é instável, sua faixa se reduz a frequências específicas, podendo ele estacionar na frequência mínima, ou seja, no limite divisório entre um vidente e um não-vidente, percebendo apenas o plano espiritual quando elevar-se em oração, ampliando a faixa onde estaciona.

Quanto mais evoluído o ser, maior a faixa visual que abrange. Nas reuniões mediúnicas, os acontecimentos ocorrem geralmente na faixa visual que os médiuns possam perceber. Ocorre, todavia, que, encontrando-se os videntes em frequências diferentes, seja por invigilância de alguns, esforço de outros, atuação dos mentores inibindo as vidências ou, por outro lado, estimulando-as, seja ainda por particularidades intrínsecas de cada médium, os espíritos favorecem a percepção de certas cenas por uns e não pelos outros. Por esta razão é que não deve haver desconfiança de um médium para com a vidência do outro, pois, agindo assim, ao criar-se um clima de instabilidade e desconfiança no grupo, certo será que, em breve, as vidências mais comuns ao grupo serão aquelas relacionadas à sua dispersão.

Em espiritismo, ter visão não é somente ser vidente. É estudar a doutrina e aplicá-la, para não negá-la com ações que apenas exaltam a ignorância.

Um médium pode ser designado para receber determinado espírito?

Para que um espírito possa comunicar-se, é necessário haver entre ele e o médium relações fluídicas que nem sempre se estabelecem de maneira instantânea.

O Livro dos Médiuns – Allan Kardec
(Cap. XVII, questão 203)

SERÁ POSSÍVEL AO dirigente da reunião designar um dos médiuns para receber determinado espírito?

Entendendo-se que a comunicação mediúnica exige, além de preparo físico e moral, afinidade fluídica e sintonia vibratória, perguntamos como tais variáveis de tão difícil mensuração podem ser avaliadas pelo doutrinador na indicação do médium para receber um espírito qualquer, o mentor, por exemplo. Se é que todos os médiuns de uma reunião têm a devida afinidade com ele, a tal ponto de lhe servirem de porta-vozes, de duas, uma: ou o grupo é perfeito ou o mentor é imperfeito.

Na minha opinião, a comunicação inicial, intermediária ou final do mentor, em qualquer reunião, é um procedimento viciante, acomodatício e desestimulante, fazendo com que os médiuns esperem as soluções e determinações deste, quando ele deveria ser consultado apenas em eventual problemática de caráter geral, manifestando-se em aconselhamento que não soe como ordem ou determinação. Os mentores agem assim, respeitando o livre-arbítrio e incentivando o crescimento dos pupilos. Entregar as decisões nas mãos dos dirigentes espirituais é patentear a incompetência e coroar a acomodação, subtraindo os méritos resultantes do bom andamento alcançado. Se o mentor faz questão de manifestar-se em cada reunião, apenas para saudar o grupo, citando nominalmente alguns membros (o que pode até aumentar-lhes o orgulho), para enfatizar que todos devem estar preparados, que é preciso orar, ocupando o espaço que deveria ser usado por um enfermo, é que ele gosta de evidência, é vaidoso do cargo que ocupa, deseja ser exaltado como trabalhador pontual, quando, ao ministrar sua água com açúcar, faz *chover no molhado*.

Mesmo sabendo que cada grupo tem o mentor que merece, a atitude desse dirigente espiritual deve ser alvo de redobrada atenção. Que o mentor use do incentivo e não do elogio, circunstancialmente, admite-se. Rotineiramente, a sua ladainha repetitiva não encontra eco nos corações amolecidos pela sua presença ostensiva. Os médiuns amoldam-se à sua "proteção paternal" e sentem-se vigiados pelo bem, desobrigando-se da vigilância contra o mal, a parecerem crianças cujos pais lhes resolvem os problemas, não necessitando, pois, de nenhum esforço para enfrentá-los. Incentivar, coordenar, dialogar sobre problemas, deliberar, decidir, estabelecer o ritmo de estudo e de disciplina no grupo é função do doutrinador. Passar tais problemas aos mentores é sobrecarregá-los, esvaziando nossas funções na seara espírita. Nenhum médium deve ser designado para receber o mentor ou qualquer enfermo, pois não basta a presença de um médium e de um espírito para que haja a comunicação. Esse problema, em nosso estágio de cultura espírita, deve ser coordenado pelos dirigentes espirituais que fazem as ligações entre os enfermos e os médiuns às vezes muitas horas antes do início da reunião.

Para efeito de raciocínio, digamos que apenas dois médiuns consigam transmitir a palavra do mentor e que, com o passar do tempo, um deles já não encontra a sintonia necessária para a comunicação. Não é possível que aquele que permaneceu transmitindo a palavra do dirigente se tome de orgulho ou vaidade, e o outro, de complexo de culpa, de inferioridade ou de ciúme? E se ocorrer, pois cabe tal hipótese no campo das probabilidades, que este que não consegue mais a sintonia do mentor, ao ser indicado pelo doutrinador para servir de intermediário para ele, use de mistificação, transmitindo sua própria mensagem amoldada ao estilo do mentor?

Pensemos! Há de se estudar muito o espiritismo para não trabalharmos contra ele, e sim, aplicarmos todo o amor de nossa alma ao que fazemos, para que os resultados, pelo adubo do esforço e a irrigação do conhecimento, venham a frutificar a cem por um.

A COMUNICAÇÃO DO MENTOR É SEMPRE NECESSÁRIA NA REUNIÃO?

Jamais ele deve esquecer-se de que a simpatia que conseguir entre os espíritos bons estará na razão dos esforços feitos para afastar os maus. Convicto de que a sua faculdade é um dom que lhe foi concedido para o bem, não se prevalecerá dela de maneira alguma, nem se atribuirá qualquer mérito por possuí-la. Recebe como uma graça as boas comunicações, devendo esforçar-se por merecê-las através da sua bondade, da sua benevolência e da sua modéstia.

O Livro dos Médiuns – **Allan Kardec**
(Cap. XX, questão 229)

O QUE DIZER de um trabalhador que só utiliza as ferramentas sob a orientação de outro técnico? O que pensar do aluno que não faz a tarefa a não ser sob a vigilância do mestre? Como julgar um instrumentista, se ele necessita de um outro para lhe tanger as cordas do instrumento? Por este raciocínio, podemos perfeitamente indagar sobre um grupo mediúnico que, para iniciar os trabalhos, requer a orientação, o conselho ou o incentivo do seu dirigente espiritual.

Uma vez que todos tenham consciência das tarefas e saibam como proceder no tocante ao estudo e à renovação interior, por que aguardar que alguém venha repetir as lições que estão cansados de ouvir? Será que é imprescindível a voz adocicada ou austera de um mentor funcionando como incentivo a cada reunião, assim como o combustível é útil ao motor? Mas que grupo mais desmotivado é esse? Será possível que se julgue desassistido pela ausência de observações do dirigente desencarnado, tendo este que citar nominalmente algum medianeiro, para que a tarefa se inicie? Mas que falta de fé é esta? Será possível que o grupo sinta a falta da rotineira advertência em torno da oração e da vigilância, como o menino levado se acostuma ao puxão de orelhas? Isto apenas significa falta de afirmação e de convicção doutrinária.

A comunicação do mentor deve ser sempre circunstancial. Por que tomar o tempo em advertências para ouvidos acomodados ao menor esforço, quando poderia ser aproveitado em atendimento aos enfermos? A advertência, nós a temos no dia-a-dia, nas palestras, leituras, reflexões, intuições. Quando o mentor adverte rotineiramente os membros de uma reunião mediúnica acerca dos seus desregramentos, o grupo está à deriva.

A intervenção do dirigente espiritual, que tanto pode dar-se no início, no meio ou no fim da reunião, se reveste sempre de caráter objetivo e esporádico. É preciso avaliar a capacidade de trabalho, o desempenho, o grau de superação dos obstáculos surgidos na reunião, que são sempre supervisionados pelo dirigente espiritual, sem que necessite colocar-se em evidência. O dirigente pode, assim, ocupar um espaço da reunião em que as comunicações estão sendo remanejadas, devido à ausência dos médiuns designados para atender determinados enfermos que, pela urgência com que se revestem seus estados clínicos, exigem uma improvisação através de outros médiuns. Para não ficar um intervalo longo, o doutrinador também pode sugerir que alguém faça uma prece em voz alta, aproveitando o tempo. O dirigente, de qualquer modo, pode intervir na doutrinação, solicitando antes permissão do dirigente encarnado, quando o obsessor, renitente, ultrapassa os limites de tolerância fixados para que a desarmonia não se instale no ambiente. Pode, enfim, intervir quando e como quiser, mas não o faz porque entende que, sendo nossos os problemas que criamos, nossas devem ser igualmente as decisões e soluções pesquisadas e praticadas. Se chamados a aconselhar, falam genericamente, conclamando a todos ao otimismo, à esperança e às oportunidades de serviço. Todavia, entendem que, para que um grupo cresça, é preciso delegar responsabilidades, sem, contudo, protagonizar o papel de babá para quem possui todo um roteiro luminoso nos livros espíritas e no evangelho de Jesus.

Em assim pensando, trabalhemos mais e queixemo-nos menos, pois é no trabalho, esmeril dos defeitos, que o espírito se matricula na escola da luz celestial, onde a glória é a perseverança no trabalho, por amor a Jesus Cristo.

QUE DIZER DE MÉDIUNS QUE APENAS RECEBEM OS MENTORES?

Médiuns exclusivos – *Os que recebem de preferência determinado espírito, e até mesmo com a exclusão de todos os outros, respondendo ele pelos que são chamados através do médium. Trata-se sempre de falta de flexibilidade. Quando o espírito é bom, pode ligar-se ao médium por simpatia e com finalidade louvável. Quando é mau, tem sempre em vista submeter o médium à sua dependência. É mais um defeito que uma qualidade, e muito próximo da obsessão.*

O Livro dos Médiuns – **Allan Kardec**
(Cap. XVI, questão 192)

O QUE RESSALTA da prática mediúnica é que médium exclusivo de mentor de reunião constitui raridade, pois toda exclusividade lembra privilégio ou cheira a egoísmo, comportamento incompatível com os espíritos superiores. O mais comum é que o médium, por sua falta de estudo e trabalho renovador, se deixe apanhar nas artimanhas preparadas pelos irmãos ignorantes que combatem sem tréguas os trabalhadores do bem.

Para que ocorra uma comunicação mediúnica, é necessário certa afinidade fluídica entre o médium e o espírito comunicante, o que não é dificuldade de vulto entre os enfermos ou os obsessores, que possuem fluidos densos, e alguns médiuns, que, muitas vezes, se lhes assemelham nas patogenias da alma. Não estou querendo afirmar que todos os médiuns espíritas estejam preparados para as suas missões. Enfatizo que determinados médiuns são fluidicamente equivalentes aos desencarnados que atendem, fato que gera sintonia pela atração de fluidos semelhantes. É verdade, igualmente, que influenciam nas comunicações a flexibilidade do médium, a sua organização física e psíquica e a sua boa vontade em auxiliar, fatores que, embora não requeiram atração fluídica entre o médium e o desencarnado, propiciam atração mental, impulsionando um para o outro. Pela lei da necessidade e do suprimento, um quer auxiliar e o outro necessita ser auxiliado. Este quer sarar e aquele possui o remédio. O desencarnado traz a cruz e o encarnado quer ser o cireneu. Aquele que quer auxiliar e o faz com sinceridade aprende a remover bloqueios, no que é sempre auxiliado pelos irmãos maiores.

Na comunicação do mentor, quando o faz sempre pelo mesmo médium, é que certamente encontra mais facilidade de expressão e de atuação através daquele companheiro. Contudo, pela psicografia ou pela intuição, comunica-se com os demais, pois entende que a exclusividade pode gerar melindres em uns e vaidade em outros. Algum médium desavisado pode sentir-se inferior em sua faculdade por receber apenas sofredores. Outro, sentir-se exaltado por transmitir apenas vozes do alto.

Ocorre também que, para ser porta-voz de espíritos mais evoluídos, é necessário elevar o padrão vibratório, o que gera uma sintonia momentânea, procedimento a que muitos não estão afeitos. Digo sintonia momentânea, visto geralmente não continuar após a reunião, voltando o medianeiro à sua habitual vibração, a qual lhe caracteriza os climas psíquico e fluídico. Por isso o valor da prece como condicionante para a elevação mental e vibratória da reunião e para a percepção e a tradução dos eventos relativos ao plano espiritual. Esse tipo de afinidade podemos considerar como mental e circunstancial, provocada pela ação da prece ou pela mentalização em objetivos nobres. É esse tipo de afinidade que permite a comunicação do mentor através de determinado medianeiro. Como cada estado mental particular corresponde a um estado fluídico específico, concluímos que, através da mente, pode o médium provocar a afinidade fluídica com quem deseja comunicar-se, desde que o que almeje seja possível e compatível com as suas limitações evolutivas.

O médium que apenas manifesta a voz do mentor pouco produz, pois, em reuniões sérias, o dirigente desencarnado não sente a necessidade de intervir ou de dialogar com assiduidade, dando prioridade aos enfermos, que são sempre em grande número.

Fiquemos certos de que, excetuando-se a fragilidade orgânica do intermediário, quando não suporta o intercâmbio com os espíritos enfermos, se ele revela apenas o pensamento de uma única entidade e se tal pensamento não traduz a pura essência evangélica, o fato é, no mínimo, um sinal de alerta para o capítulo das obsessões.

Na desobsessão, por que só o doutrinador fala?

O silêncio e a concentração são rigorosamente exigidos durante as sessões e particularmente durante os estudos. Ninguém pode usar da palavra sem permissão do Presidente. Todas as questões dirigidas aos espíritos serão feitas por intermédio do Presidente, que pode recusar-se a fazê-las de acordo com as circunstâncias. São rigorosamente proibidas todas as perguntas fúteis, de interesse pessoal ou de simples curiosidade, ou feitas com o fim de submeter os espíritos à prova, assim como todas aquelas que não tiverem um fim de utilidade geral, do ponto de vista dos estudos. São igualmente proibidas todas as discussões que se desviem do objetivo em causa.

O Livro dos Médiuns – **Allan Kardec**
(Cap. XXX, artigo 18)

IMAGINE-SE UMA REUNIÃO onde o diálogo entre o doutrinador e o seu interlocutor seja aparteado pelos médiuns. Como se estabeleceria uma diretriz para essa conversação? Seria possível o encadeamento de ideias ou a conclusão do assunto? A regra de só o doutrinador falar com os comunicantes na reunião desobsessiva vem em auxílio ao bom andamento do diálogo, bem como à manutenção da harmonia vibratória. É uma regra disciplinar, sem a qual a sessão passa a ser mero interrogatório, conversa de comadre ou passatempo perigoso.

Todos sabem que o clima de desarmonia favorece aos irmãos obsessores e perseguidores contumazes do espiritismo. Quando um desses irmãos se comunica, tem interesse em provocar tanto o doutrinador, com suas adagas verbais, quanto os médiuns, que devem estar vibrando pela harmonia do conjunto. É comum o manifestante usar a técnica de envolver um ou mais participantes da reunião, citando-os nominalmente ou deixando a pergunta no ar para que alguém responda. O invigilante que tomar a palavra será a pedra de tropeço da reunião. Tais irmãos nos vigiam e revelam, em ocasiões inoportunas, ocorrências que testemunhamos ou de que participamos, lembrando nossas falhas e a invigilância com que procedemos. É necessário não revidar. Deixar que o doutrinador com a sua vivência argumente, mostrando as vantagens daquele que perdoa e trabalha em relação a quem critica e agride.

Às vezes, por ocasião da mensagem do mentor, pode ocorrer alguém dirigir-se a ele em indagações pessoais, com assuntos extra-reunião, tais como a saúde da sogra, a mudança de bairro, a personalidade do novo patrão e até as *chances* de um político nas eleições. Tais atitudes sempre devem ser evitadas, pois, a não ser que o assunto seja realmente sério, a abordagem torna-se, no mínimo, inoportuna. Outros, diante da comunicação de um familiar, mencionam longa lista de perguntas, como se quisessem testar a personalidade presente ou conseguir um relato completo sobre as suas condições sociais, científicas, filosóficas, econômicas etc., ocasião em que o objetivo da reunião passa a plano secundário.

A regra é única. Só o doutrinador fala. É ele o porta--voz do grupo. Interrompê-lo, só por absoluta e comprovada necessidade. Até mesmo o dirigente espiritual pede permissão para abordá-lo. Fugir a essa regra disciplinar é navegar em mar agitado prenunciando catástrofes. Os que não se adaptam a esta condição e sentem a necessidade de indagar sobre fatos e épocas passadas revelam descaso, porque deveriam estar em preces e vibrações. Perante a observação lógica de que deveriam silenciar para que o doutrinador desempenhe o seu papel, retratam a ignorância de que são portadores se são tocados por melindres, levando para o campo pessoal o que é apenas ensinamento

genérico. Abaixam-se à condição dos enfermos necessitados de doutrinação, às vezes até mais, pelas oportunidades de crescimento que têm e repelem.
Eduquemo-nos! *A palavra é prata, mas o silêncio é ouro* – como ensinavam os antigos.

Quanto tempo o doutrinador deve falar com cada comunicante?

Como pode um homem ter mais influência, nesse caso, do que os próprios espíritos?

– Os espíritos perversos se aproximam mais dos homens, que procuram atormentar, do que dos espíritos, pois destes se afastam o mais possível. Nessa aproximação aos humanos, quando encontram quem os tenta moralizar, a princípio não lhe dão ouvidos e até riem-se dele, mas, depois, se este soube prendê-los, acabam por sentir-se tocados. Os espíritos elevados só podem falar--lhes em nome de Deus e isso os apavora. O homem não tem, é evidente, mais poder que os espíritos superiores, mas a sua linguagem é mais acessível à natureza inferior e, vendo a influência que podem exercer os espíritos inferiores, compreende melhor a solidariedade existente entre o Céu e a Terra.

O Livro dos Médiuns – **Allan Kardec**
(Cap. XXIII, questão 254, § 5)

NÃO EXISTE UM tempo determinado ou padronizado para cada tipo de enfermo. Seria contrário ao bom senso estabelecer um tempo em minutos, tal como alguns médicos fazem, devido ao excesso de pacientes, imprimindo alta rotatividade ao atendimento, que, sem catarse e exames aprofundados, resulta fatalmente em diagnóstico inadequado e medicação, se não incorreta, pelo menos deficiente.

Há quem aconselhe que, na prática desobsessiva, o doutrinador permaneça por um tempo máximo de dez minutos em conversação com o comunicante, salvo em situações excepcionais. Mas o doutrinador que não for vidente nem audiente, o que lhe *dificulta* o diagnóstico, como irá detectar a problemática, geralmente profunda, em dez minutos? Como precisar se o caso é excepcional, quando, pelo desempenho do centro espírita, oficina da caridade, toda dor se reveste de excepcionalidade? Não necessitam alguns enfermos mais de serem ouvidos e aconselhados do que medicados? Que se há de dizer-lhes quando se esgotar o tempo? Que se retirem? Jesus estipulava horário para os enfermos que atendia?

Alguns podem argumentar que, sem esse limite de tempo, doutrinadores despreparados podem levar toda a reunião em atendimento a um ou dois manifestantes. Seria tempo perdido? O que temos testemunhado é que, na maioria dos casos, os próprios mentores controlam o tempo para os comunicantes, seja por intuição fornecida ao doutrinador, seja por atuação junto ao assistido, ocasião em que muitos dormem sob efeito magnético ou se despedem dizendo estarem sendo chamados por enfermeiros.

O uso racional do tempo em uma reunião de desobsessão está ligado diretamente ao bom senso e experiência do doutrinador. Ele precisa, em casos de amnésia do enfermo, auxiliá-lo no diálogo fraterno. Necessita saber que um médium não suporta um vampiro por tempo demorado, pois este poderá exauri-lo em seus fluidos vitais. Deve estar consciente de que o suicida impõe grande sofrimento ao medianeiro, pelos esgares, sufocação, espasmos, náuseas e estertores que a ele passa, os quais, se prolongados em demasia, lhe podem alterar a saúde. Ele deve ter aprendido que cegos, surdos, mudos, amputados e mutilados comparecem às reuniões para sofrerem cirurgias reparadoras, as quais exigem a sua coordenação mental; que obsessores endurecidos necessitam de doutrinação compatível com a linguagem que ostentam; que certos espíritos tudo fazem para demorar-se em comunicação, evitando que outros sejam atendidos; que, sendo as enfermidades e as individualidades diferentes, o tempo de atendimento e a mensagem doutrinária devem ser igualmente diferentes.

Aqui falamos do doutrinador preparado para a sua tarefa e não do conversador que apenas indaga ou procura fazer prevalecer a sua ideia, sem dar oportunidade a que o enfermo se manifeste. Parto do princípio de que os doutrinadores sabem usar esse tempo adequadamente, o que torna inócua e desnecessária a delimitação, o que seria, em função do atendimento a enfermos nas reuniões de desobsessão, o mesmo que estandardizar o desempenho, nivelando o tratamento e as dores pela angulação temporal, quando a mais correta das diretrizes é a caridade.

As cirurgias se procedem a tempos regulares? O psiquiatra, o psicólogo e o analista aplicam técnicas subjugadas a tempo padronizado? Os enfermos de tais profissionais absorvem seus conselhos igualmente? Não é norma psiquiátrica mergulhar fundo no inconsciente do traumatizado, removendo dos escombros os obstáculos da sua normalidade psíquica? Por que se prender à quantidade, se o espiritismo prima pela qualidade? Cremos que, pela dinâmica com que se reveste o trabalho desobsessivo e pela complexidade íntima de cada enfermo, fixar dez minutos para cada comunicante é atitude impensada. Os grupos mediúnicos com apenas dois ou três médiuns deverão guiar-se por tais padrões? Existem doutrinadores bem informados na área doutrinária que passam, às vezes, sessenta minutos ou mais com um único enfermo. O bom senso, portanto, deve ser o único fator a determinar o tempo a ser destinado ao enfermo que se comunica. Não existe nenhum motivo que justifique a transformação de uma reunião de desobsessão em hospital de alta rotatividade.

Todo médium é anímico?

Como distinguir se o espírito que responde é o do médium ou se é outro espírito?
– Pela natureza das comunicações. Estuda as circunstâncias e a linguagem e distinguirás.

O Livro dos Médiuns **– Allan Kardec**
(Cap. XIX, questão, 223, § 3)

EM SE DEFININDO animismo como a narrativa de fatos atuais ou passados que repontam do inconsciente do médium para o consciente, podemos dizer que, a princípio, quando não educados, os candidatos ao exercício da mediunidade são anímicos, em sua grande maioria.

Como somos espíritos imortais em longa excursão pelos cenários terrestres, alternando a vestimenta carnal entre o feminino e o masculino, assimilando diversos hábitos regionais e linguísticos, vivendo tempos de paz e de discórdia, é natural que muitos eventos nos marquem emocionalmente, registrando-se de maneira férrea nos arquivos do inconsciente. Sob a influência de um indutor, um estímulo que se assemelha ao que foi gravado, gera-se uma ponte inconsciente/consciente, podendo, através dessa evocação, ser externado com aparência de realidade atual, aquilo que foi vivido mas não esquecido ou superado.

Conheci um médium que, havendo praticado o suicídio por duas encarnações seguidas, passou anos na mesa mediúnica a *transmitir psicofonicamente* as comunicações de dezenas de suicidas. – *Apenas animismo* – diziam-nos em segredo os mentores espirituais. O companheiro praticava a catarse dos longos sofrimentos que lhe cristalizaram na mente os esgares, a sufocação, o fogo na pele, a dor superlativa dos dois gêneros de suicídios pelos quais passara. A doutrinação era exercida como se realmente ali estivéssemos em contato com um comunicante desencarnado trazido para o atendimento fraterno. No entanto, sabíamos estar falando diretamente ao espírito do médium, que, portando cristalizações de difícil neutralização, sofria, através das reminiscências afloradas, o drama a que estava vinculado.

Esse período de animismo varia de aprendiz para aprendiz, conforme sejam as marcas emocionais que transporta. O gênero não influi muito. Um estigma é sempre um estigma. Doloroso ou terno, depende do indutor que o faça aflorar, sendo justo que os sofrimentos, pela ulceração que imprimem na alma, sejam evocados com frequência, pelo caráter peculiar do mundo de provas e expiações em que vivemos, onde a dor é o inquilino pontual e assíduo na convivência com os terrícolas. Acontecimentos ditosos, mas que deixaram saudade, nostalgia, ansiedade, misto de ternura e tristeza, também são arrancados do inconsciente pela ideia indutora que estabeleça uma sintonia com o que foi vivenciado. Até mesmo uma emoção mais forte cultivada na atual encarnação, tal como a admiração profunda por santos e heróis a traduzir-se em fanatismo, pode gerar ideias obsidentes ou cristalizações duradouras, que, nesta ou em outras encarnações, retornam à cena via catarse, para que o médium possa produzir favoravelmente, desobstruindo o canal mediúnico para mensagens dos espíritos e não de suas mensagens próprias ou espirituais ainda mescladas de personalismo.

Saliente-se que, se o médium, ao receber a mensagem do comunicante, a traduz em linguajar mais culto ou menos intelectual, sem prejuízo da sua essência, não é anímico. Há de se analisar o nível cultural, o estudo, a fluência, o grau de evolução enfim, de cada indivíduo, encarnado ou desencarnado.

Concluímos afirmando que nem todos os médiuns são anímicos. Alguns o são por ideias e emoções cristalizadas no passado, enquanto outros o serão por ideias e emoções cristalizadas no presente.

Será assim, enquanto o amor não constar como regra de convivência e remédio salutar para os dramas do mundo.

O LIVRO DE ANOTAÇÕES É REALMENTE NECESSÁRIO NAS REUNIÕES MEDIÚNICAS?

Sabemos que as distâncias nada são para os espíritos, mas nos admiramos de ver que respondem, às vezes, tão prontamente ao chamado como se estivessem bem próximos.
– É que, às vezes, realmente estão. Se a evocação foi premeditada, o espírito recebeu o aviso com antecedência e frequentemente se encontra no lugar antes que o chamem.

O Livro dos Médiuns – **Allan Kardec**
(Cap. XXV, questão 282, § 6)

CERTA FEITA, EM uma reunião de pais e mestres na escola onde trabalho, uma mãe veio consultar-me acerca de seu filho, Francisco. Informada que, dos mil e duzentos alunos, cento e quarenta tinham tal nome, desculpou-se e complementou que era o Francisco da sétima série. Existindo três classes de sétima série, precisei indagar sobre as características do garoto.

Imaginemos um centro espírita cuja clientela, diariamente, o busque com nomes das mais variadas procedências, sendo muitos deles homônimos, com sintomatologia ou patologia análogas, a exigir o imediatismo tão comum aos mortais de hoje: como atender a tantos apelos, se, em meio àqueles nomes, estão endereços situados em todo o raio periférico da cidade e do interior? Nossas empresas, cuja organização é apenas uma cópia inexata da organização e disciplina espirituais, nos fornecem uma ideia de como devem atuar nossos irmãos do além nesse mister.

A cada centro espírita está ligada uma equipe que se

responsabiliza por cobrir as zonas de maiores probabilidades de convergência de necessitados a ele destinados. Cada operador da equipe, ficando responsável por uma zona do perímetro urbano, está em condições de informar sobre as pessoas ali residentes. Mas nem todos são espíritas. Como estes são os prováveis consulentes da casa espírita a que este técnico está ligado, tendo-os catalogado, pode fornecer, por via telepática ou por instrumentos, as imagens ou informações necessárias, em tempo mínimo. Como os irmãos que professam outras religiões, às vezes mostrando até aversão ou agressividade contra o espiritismo, não estão desamparados pelo plano espiritual, podem igualmente receber ajuda quando solicitada ou merecida, para o que talvez esse tempo mínimo seja elastecido por detalhes óbvios de aferição de endereço e de problemática. Se um homem vende cigarros em sua mercearia, já sabe quais são os fregueses daquele bairro, não esperando nunca que um não-fumante lhe venha fazer pedidos do seu produto. Baseado em tal raciocínio lógico e sendo a lógica a mãe de todas as ciências, é que assim deduzo. Ocorre que essas equipes são solidárias entre si e podem trocar informações quando o habitante de uma área venha eventualmente a requisitar préstimos fora do seu perímetro urbano. Informações e imagens são então transmitidas com a mesma presteza, pois não existe concorrência ou monopólio informativo entre as equipes; mas fraternidade, disciplina e solidariedade.

É assim que, observando os nomes escritos no livro de anotações, o responsável por esse trabalho os envia aos setores específicos através de que recolhe os informes necessários para a equipe espiritual da casa. A rapidez é notória. A depender do ponto de evolução do espírito, pode dispensar o instrumental técnico e usar apenas a telepatia e, em alguns segundos, ter condições de diagnosticar e até de medicar o paciente. É assim que, nas reuniões de desobsessão, nomes colocados sobre a mesa, desde que os dados sejam registrados corretamente (nome, hospital, asilo, presídio etc.), recebem, às vezes no decurso da própria reunião, as informações esclarecedoras e o atendimento específico. As informações vêm acrescidas, não raramente, da causa cármica, dos fatos comprometedores do passado que transformaram em efeito a doença de então.

Como fazer isso? Localizado o paciente, seu espírito guardião pode informar sobre a sua ficha cármica, ou um técnico irá retirar-lhe os elementos dos arquivos mentais, ou irá consultar o banco de dados específicos. Se os nomes são colocados no livro de anotação durante a semana anterior à reunião, todo o histórico das pessoas estará nas mãos do dirigente espiritual da casa no dia aprazado, o qual procederá conforme a urgência e o merecimento dos pacientes, elaborando assim o roteiro da reunião.

Na Terra, a comunicação faz prodígios, desde que manobrada com dados corretos. Haveria de ser diferente no espaço? Penso que ainda se encaram os espíritos como seres mágicos que tudo podem, até mesmo desprezar a tecnologia, a organização de dados e a disciplina burocrática, embora simplificada. Pensamos sobre nossos mentores, como se eles fossem espíritos angélicos e não companheiros um pouco acima ou mesmo equivalentes a nós, os quais, sem sentido organizacional, pouco produzem. Nós descarregamos o efeito de nossa acomodação e desorganização sobre eles, quando colocamos um nome incompleto, sem o endereço, e pensamos: – *Não tem nada não. Eles o encontram*. Podem encontrar, sim. Mas a que preço? É bom que nos conscientizemos de que quanto mais evoluído é o ser, mais organizado e disciplinado ele é, e de que, se queremos eficiência, temos de contribuir para que tenha início em nós, esforçando-nos para, pelo menos, eternos pedintes que somos, formularmos melhor e com mais coerência os nossos pedidos.

Só para reforçar a ideia de que os espíritos, mesmo os mentores, necessitam de um chamado, um lembrete, uma referência, para nos auxiliar, lembramos aqui conhecido caso contado por Luciano da Costa e Silva sobre a vida de Chico Xavier.

"Certa noite, após atender centenas de pessoas no Centro Espírita Luiz Gonzaga, Chico Xavier sentiu uma de suas vistas prejudicadas; chegava mesmo a sangrar. As dores eram insuportáveis. Não contando naquele momento com a presença de seu guia receitista, o Dr. Bezerra de Menezes, sabendo que muitas pessoas ainda o aguardavam, e não tendo meios de esclarecer àquela massa humana o que se passava, isolou-se por alguns minutos quando lhe apareceu um dos assistentes espirituais daquele médico. Ao vê-lo não pediu, implorou: "Irmão Antônio Flores, você que é um dos abnegados e sinceros pupilos do Dr. Bezerra de Menezes, peça-lhe um remédio para os meus olhos, pois sofro muito".

Atendendo o seu pedido, o bondoso irmão partiu, prometendo interceder por ele. Passados poucos minutos, regressou acompanhado do famoso médico, que ao olhá-lo, lhe diz: "Por que você não me disse que estava passando mal da vista? Eu o teria medicado!"

Emocionado respondeu: "Dr. Bezerra, eu não lhe peço como gente, mas como uma besta que precisa curar-se para continuar sua missão espiritual e terrena. Cure pois, por caridade, os meus olhos doentes."

– "Se você, Chico, é uma besta, eu quem sou?"
– "O senhor Dr. Bezerra, é o veterinário de Deus."

Esse episódio prova que o Dr. Bezerra só veio a saber da dor de Chico quando avisado por um assistente. Mesmo com a sua evolução espiritual superior a muitos mentores

que dirigem reuniões mediúnicas ele precisou ser comunicado, como aliás procedeu também Antônio de Pádua em mensagem telepática ao médico dirigida. Nesta Antônio de Pádua citava o nome da rua, número, cidade... ordenando a Bezerra atender uma pobre mulher que se debatia nos estertores da maternidade. (*Dramas da Obsessão* – Psicografia de Yvonne Pereira).
Os espíritos superiores são sábios e não adivinhos.

HÁ NECESSIDADE DE ÁGUA FLUIDIFICADA, NAS REUNIÕES MEDIÚNICAS?

A magnetização comum é uma verdadeira forma de tratamento, com a devida sequência, regular e metódica.

O Livro dos Médiuns – **Allan Kardec**
(Cap. XIV, questão 175)

EXISTEM ESPÍRITAS QUE estão sempre procurando *aperfeiçoar* o trabalho do centro espírita. Entretanto, na maioria das vezes, por causa dos aspectos exteriores, se colocam apenas em confronto com a água fluidificada, o livro de anotações para enfermos, a figura de Jesus em quadro na parede, as preces inicial e final das reuniões ou a ave-maria e outros procedimentos que, segundo seu ponto de vista, se constituem em *igrejismos* ou vícios introduzidos no corpo doutrinário do espiritismo por beatos provindos de outras crenças. São os reformadores ou inovadores que procuram adaptar a doutrina a si, no lugar de adaptar-se a ela.

Claro que, no Movimento Espírita, há atitudes exóticas que precisam ser extirpadas. Mas daí a evitar algo produtivo e que beneficia a reunião, simplesmente porque Kardec não fez nenhuma citação a respeito, é uma incoerência. Deveríamos, então, rejeitar as informações trazidas ao espiritismo por Chico Xavier, Yvonne Pereira, Divaldo Franco e outros, quando estas não encontram referências na codificação? E a comunicação dos espíritos por gravadores, telefones, computadores? Devem ser igualmente rejeitadas? Não terá o espiritismo o caráter de doutrina evolucionista? Não se gradua mais a dose medicamentosa ao estado patológico do enfermo?

Penso, em minha inferioridade, que a figura de Jesus fica bem em qualquer templo de oração. Idolatria? Não chego a tal radicalismo. A figura de Jesus induz a reflexões, auxilia a mente frágil a fixar-se melhor na prece, concita-as ao recolhimento interior. Não são todos os que são conscientes e fortes para sentir Jesus dentro de si, necessitando, por isso mesmo, de um indutor ou motivo para onde fazer convergir o coração e a mente. Contemplando a figura de Jesus, ainda que aquela não tivesse sido a sua aparência, o coração se acalma, a mente ainda não acostumada à abstração do sentir para ver, mas nos passos iniciais da sensibilidade, que é o ver para sentir, se deixa tocar de emotividade, educando-se pouco a pouco ao estágio de fé onde não se tem mais dúvida ou necessidade de motivações visuais.

Mas quem são os frequentadores de um centro espírita? Os que já trazem Jesus em si ou os que precisam de Jesus em si? Que mal existe em saudar Maria, mãe de Jesus (e não *de Deus* – substituição que sufragamos), com a prece que faz referência à sua condição de mulher escolhida para receber o tesouro mais precioso que este mundo já viu, que foi seu filho? Se Jesus é o traço que une muitas religiões, há de se lhe extirpar a mãe, trazendo-o órfão ao espiritismo, para que este seja mais puro? Não serão sectários aqueles que deveriam ser caridosos e conscientes?

Quanto à prece inicial e final, é um costume dos espíritos que nos dirigem. Aprendemos com eles que a prece é agradável a Deus e que torna o homem melhor. Se torna o homem melhor, o que ele faz será igualmente melhor. Assim fazemos porque para isso fomos aconselhados através de *O Livro dos Espíritos* (perguntas 658 a 666). Porque nos inspiramos em Bezerra de Menezes, em seus encontros e doutrinações sempre iniciadas e finalizadas com preces de louvor e agradecimento a Deus. Porque acreditamos em Jesus, quando asseverou que tudo quanto pedíssemos orando haveríamos de obter, e na importância do capítulo XXVII de *O Evangelho Segundo o Espiritismo*, que tem por título *Pedi e obtereis*. E, por fim, porque conhecemos a definição de prece consagrada pelos espíritos como sendo o alimento da alma. Orar é arar, mas arar nem sempre é orar. Os que julgam desnecessária a prece na reunião, querem apenas arar, esquecidos do adubo da prece, que não é condição para que a semente germine, mas que influi sobremaneira na produção de frutos no pomar.

Finalmente, existem os que se sentem molestados com a jarra de água limpa posta sobre a mesa para que o seu conteúdo seja fluidificado pelos espíritos. Isso faz lembrar um caso descrito por André Luiz em sua coleção, no qual observa um sacerdote que eleva uma hóstia para introduzir na boca de uma mulher do povo. O sacerdote não apresenta nenhuma luminosidade, mas aquela partícula, ao aproximar-se da boca da mulher, que orava e acreditava estar recebendo Jesus, é tomada de grande luminescência, através do que se depreende que a mulher, por sua fé e confiança, atraiu fluidos altamente benéficos. Não ocorrerá o mesmo com a água, sendo esta, por caráter natural, elemento de fácil fluidificação e combinação com os mais variados fluidos? Encontrando-se na reunião pessoas desvitalizadas e sendo a água fluidificada excelente tônico revigorante, a depender dos fluidos nela colocados, perderiam essa chance os espíritos para fazer o bem? Não aconselham os espíritos a água fluidificada como poderoso auxiliar nos tratamentos de desobsessão?

Entendo o cuidado de alguns espíritas na preservação da pureza doutrinária, mas não entendo a intolerância para com estes detalhes que em nada deslustram a prática ou o trabalho dos espíritos ou dos espíritas. Creio que existem pontos doutrinários em cujos comentários essas pessoas zelosas podem ser mais úteis, direcionando o radicalismo no sentido de também retirar de si velhos vícios e preconceitos.

Esta é a minha opinião pessoal, que, por isso mesmo, pode ser contestada, visto não me apresentar como dono da verdade.

MÉDIUNS OSTENSIVOS PODEM DIRIGIR REUNIÕES MEDIÚNICAS?

Todos os que recebem, no seu estado normal ou de êxtase, comunicações mentais estranhas às suas ideias, sem serem, como estas, preconcebidas, podem ser considerados médiuns inspirados. Trata-se de uma variedade da mediunidade intuitiva, com a diferença de que a intervenção de uma potência oculta é bem menos sensível, sendo mais difícil de distinguir no inspirado o pensamento próprio do que lhe foi sugerido.

O Livro dos Médiuns – Allan Kardec
(Cap. XV, questão 182)

QUANDO QUEREMOS CENTRALIZAR o pensamento em determinado objetivo, procuramos evitar o assédio de imagens e sons estranhos ao que analisamos, certos de que o recolhimento mental ou a fixação canalizada para a problemática em análise nos faculta melhor desempenho e produtividade na elaboração e encadeamento de ideias, que se aglutinam para o fim a que nos propomos.

O diálogo com o desencarnado requer essa convergência, que deve aliar-se à acuidade psicológica, boa argumentação, maturidade intelectual e forte dose de paciência e espírito de serviço. Ao doutrinador cabe a áspera tarefa de soerguer a fé, incutir a esperança, firmar o otimismo, mostrar as vantagens do perdão, esclarecer sobre as dúvidas morais, científicas e filosóficas daqueles que nem sequer conhece, mas que lhe são trazidos para uma mudança de atitude.

Como se concentrar no diálogo, se, através da vidência ou audiência, der curso à percepção da dinâmica do plano espiritual? Preocupar-se-ia, então, sobremaneira, com o estado agônico do suicida que não consegue a sintonia com o médium, com a trama dos obsessores e dos seus asseclas para sabotar o êxito da reunião, com o estado perispiritual metamorfoseado de um vampiro sexual que veio ligado a algum intermediário. Baderneiros do além, sabedores da sua audiência, buscariam gritar aos seus ouvidos, transmitir recados inoportunos, iniciar diálogos paralelos. Um desencarnado mais impaciente tentaria a psicofonia pelo próprio doutrinador, quando um seu familiar estivesse sendo por este doutrinado. A presença de enfermos poderia causar-lhe sensações dolorosas, pela sua condição de antena receptora. Quadros confusos o desviariam da conversação, instigando-o a divergir do epílogo almejado. Em instante de prece, o desdobramento poderia surpreendê-lo, permanecendo a reunião à deriva.

Por tais motivos, e para não sobrecarregar com mais uma preocupação e correspondente atividade a equipe espiritual, achamos conveniente que o doutrinador esteja afinado com ela apenas através da intuição ou da inspiração, faculdades cujo desempenho não causa ruídos ou divisão em seus sentidos, que devem permanecer voltados para o diálogo, sem serem portadores, na ocasião, de mediunidade ostensiva que lhe dificulte a tarefa. Para que o doutrinador tenha uma ideia do tipo de comunicante a quem se dirige, pode solicitar ao médium vidente que lhe traduza as impressões captadas. Ele pode e deve usar o vidente como auxiliar na reunião, com as reservas de que tais consultas não sejam repetitivas, a tal ponto de gerar uma dependência, o que anularia a sua própria faculdade pelo desuso. Que se consulte o vidente, na dúvida, quando se pressente a mistificação, o que constitui episódio circunstancial. Com o tempo, o doutrinador aprende a distinguir o ambiente espírita por seus próprios recursos.

Aconselha o bom senso que cada um se ocupe de uma função, sendo todas de relevante importância no contexto doutrinário. Afinal, o mais meritório não é ser doutrinador ou médium psicofônico, mas desempenhar com dignidade e perseverança aquilo que se é, atento à qualidade do que se faz, sem, contudo, descuidar-se da quantidade do que se faz.

Caminhemos! Se há pedras, se há mãos, certamente hão de existir caminhos limpos. Tudo depende do equilíbrio de cada um.

Médium obsidiado deve dar passividade?

A obsessão, como dissemos, é um dos maiores escolhos da mediunidade. É também um dos mais frequentes. Assim, nunca serão demais as providências para combatê-la. Mesmo porque, além dos prejuízos pessoais que dela resultam, constitui um obstáculo absoluto à pureza e veracidade das comunicações.

O Livro dos Médiuns – **Allan Kardec**
(Cap. XXIII, questão 242)

GENERICAMENTE FALANDO, NÓS, habitantes de um mundo onde o egoísmo e o orgulho constam da longa lista de vícios humanos, não podemos dizer-nos vacinados ou imunizados quanto às obsessões. Longe está o dia em que Jesus ditou regras de boa convivência entre os homens, concitando-os ao perdão das ofensas, ao esquecimento dos males, à humildade de coração, fatores que, por si só, seriam capazes de calar a maledicência, enferrujar a espada e cerrar as portas das regiões inferiores, que hoje têm livre acesso à grande maioria dos domicílios terrenos. Todavia, caminhamos a passo milimétrico, surdos ao chamamento do amor, ouvindo apenas o comando de acelerar, imposto pelo *incômodo* da dor.

Herdeiros de religiões dogmáticas, amantes de cultos exteriores e afeitos ao imediatismo, tornam-se os homens vítimas de sua própria incúria, do seu comodismo e da sua incredulidade. Se não acreditam na interferência dos espíritos em suas vidas, com maior razão são manipulados por mentes hábeis, quando não se escudam na dignidade de ações e pensamentos. Se acreditam mas não se modificam a fim de estabelecer intercâmbio com os obreiros do bem, igualmente são teleguiados para os pântanos da vida, onde a lama, ao sujar-lhes os pés, lembra a regra áurea da limpeza de caráter para ascender aos planos luminosos. Esquecidos do passado, mesmo aqueles que não buscam o mal sentem dificuldade em se acharem comandados ou perseguidos, creditando aos azares do caminho os tropeços de que são vítimas.

Quando fatigados pela busca de paz através de paliativos, adentram o centro espírita, admiram-se ao ouvir o conselho da reforma íntima, do vigiar e do orar, uma vez que não se julgam criminosos. Ademais, *não entendem* a relação que possa existir entre a conduta moral e as aflições da vida, preferindo que os que os atendem nesses templos usem de fórmulas mágicas, livrando-os de seus obstáculos, enquanto cuidam da rotina material da existência, parecendo ignorar que são espíritos imortais ainda ensaiando os primeiros passos para as grandes e duras batalhas a serem empreendidas na aquisição da paz interior. Alguns desistem, atendendo ao comando ou conselho dos obsessores. Outros persistem. Aceitam o desafio com nobreza e enfrentam as lanças da vingança e do ódio, ocasião em que se revestem da armadura da prece e se escudam no trabalho persistente, liberando a si e ao seu antagonista das correntes da ignorância.

Nesse período de tratamento, onde a paz é conquista do esforço, o companheiro obsidiado não deve participar de trabalhos mediúnicos. É preferível que assista a palestras públicas, receba passes, trabalhe em atividade fraterna do centro espírita. Na reunião mediúnica, o seu obsessor poderá tomá-lo de assalto e, *incorporando-o*, provocar distúrbios imprevisíveis no recinto. Poderá, igualmente, ouvir do seu perseguidor, por via psicofônica, através de outro intermediário, ameaças e impropérios, que poderão realizar-se ou não, mas que, a depender do seu grau de vulnerabilidade, irão provocar dura impressão, levando-o à paranoia. Poderá, inclusive, haver açulamento no ódio do vingador ou dele próprio, ante o clima formado, quando palavras ofensivas se juntam a fluidos fustigantes, favorecendo o revide da vítima ou o ataque corporal do algoz, caso o médium não seja educado convenientemente.

Apressamo-nos a dizer que existem casos onde a presença dos envolvidos, vítima e algoz, é salutar, pois, propiciando a reconciliação pelo uso do perdão, através do desfazer das dúvidas, e do confessar-se uns aos outros, desfaz-se o clima belicoso pelo antídoto da humildade e do arrependimento.

Nesse caso, o doutrinador é quem deverá decidir como se deve proceder na reunião, seja por conta própria, seja a pedido dos mentores, o que constitui raridade.

Atentos estejamos todos nós que batalhamos nas hostes espíritas, uma vez que muitos trabalhadores nos são enviados pela porta da obsessão, para que, refeitos e despertos do tropeço, possam trabalhar em paz.

Um mesmo espírito pode comunicar-se em duas reuniões mediúnicas simultaneamente?

O espírito que é evocado ao mesmo tempo em muitos lugares pode responder simultaneamente às perguntas que lhe fazem? Sim, se for um espírito elevado.

O Livro dos Médiuns – **Allan Kardec**
(Cap. XXV, questão 282, § 30)

MUITOS ESPÍRITAS SE confundem diante da afirmativa de que determinado mentor se comunicou, no mesmo dia e hora, em dois ou três centros espíritas. Os menos esclarecidos passam a desconfiar da veracidade do fato, julgando estar diante de mistificação ou de descaramento do informante, preferindo admitir que, se houve mistificação, foi no outro centro e não naquele em que ele doutrina, atitude ingênua de quem desconhece que as mistificações podem ocorrer com qualquer médium, em qualquer lugar.

Um espírito, a depender do seu grau evolutivo, pode manifestar-se em pensamento em vários centros espíritas ao mesmo tempo. Não que ele seja onipresente, que se divida espiritualmente, partindo cada porção sua para local determinado. O seu pensamento é que pode ser projetado em várias direções, como uma lâmpada pode atingir, conforme a sua potência, os mais diversos recantos de um salão. Nada há de estranhar nesse fato, diante dos avanços no estudo da telepatia, no conhecimento da rapidez do pensamento, na modernização dos instrumentos de comunicação a distância. Um homem, sentado diante de instrumentos eletrônicos específicos, não transmite a sua voz para todo o mundo? Nos jogos olímpicos, estando um telespectador do outro lado do mundo, não lhe é possível ouvir no instante do acontecido, até mesmo o som oriundo do choque entre o jogador e a bola? Se nosso instrumental de comunicação é pálida imitação dos meios utilizados pelos espíritos, podemos concluir que a eficiência e a confiabilidade entre eles é indiscutível.

Mas, pode argumentar alguém: – *Aqui Bezerra comunicou-se por psicografia e lá por psicofonia. Como pode ser isso, se, para psicografar, é necessária a presença perispiritual do comunicante junto ao médium?* – Nem sempre, diremos. Se o médium for intuitivo não se faz necessária a presença do comunicante. Se for mecânico, ou seja, quando o espírito age diretamente sobre a sua mão, impulsionando-a independente da sua vontade, sim. Então, admitindo-se que o médium seja mecânico, como explicar a questão? Simplesmente pela telepatia. O espírito dita a mensagem a um seu auxiliar, que apenas lhe copia o ditado, sem que haja fraude ou engodo, nem que a mensagem tenha menor valor ou seja destituída de autenticidade. Um espírito como Bezerra de Menezes tem centenas de auxiliares voluntários que lhe cumprem as determinações em todos os centros espíritas do Brasil. Vamos além. Não atende somente nas casas espíritas, mas onde a sua presença seja evocada com sinceridade de propósitos, em hospitais, hospícios, presídios, lupanares, choupanas e palacetes. Poderia ele, então, abster-se de tais auxiliares, da telepatia e do instrumental de comunicação? Como selecionar por ordem de prioridade os pedidos?

Julgam alguns espíritas que não exista o captador e seletor de preces, que, embasado no estudo das ondas, forneça tais informações? Os espíritos, mesmo evoluídos, não dispensam o auxílio tecnológico. Isso não lhes tira o poder.

Pelo contrário, aumenta-lhes a eficiência no trabalho em que se empenham. Muitos pensam em determinado espírito como um ser isolado e atribuem a ele a arte da magia, através da qual tudo se pode mas nada se explica. Absurdo dos absurdos! Bezerra sozinho pouca coisa faria pelos enfermos. Acompanham-no em ofício, médicos, enfermeiros, engenheiros, técnicos operadores, aprendizes, além de potente instrumental tecnológico para as mais variadas ocasiões. É toda uma equipe pronta a atuar em qualquer local, hora e situação compatíveis ao estágio evolutivo em que se encontra. Qualquer pessoa pode comunicar-se com Bezerra de Menezes, desde que se eleve em sintonia, que é a palavra-chave da comunicação mediúnica. Fora dela, apenas o ruído a indicar obstrução de canal por distância de faixa.

Ao recebermos mensagens de espíritos elevados, tenhamos em mente que eles podem irradiar o pensamento como o Sol e averiguemos o conteúdo delas. Se não for discordante dos postulados espíritas, existe a possibilidade de que sejam autênticas, pois mesmo um médium imperfeito pode receber, à guisa de incentivo ao seu aprimoramento, uma mensagem de um espírito como Bezerra, repassada telepaticamente por um auxiliar que consiga sintonia. É a caridade em ação. Todavia, isso não é muito comum. O que deve ser corriqueiro no grupo mediúnico é o esforço pelo aprimoramento dos trabalhos, passaporte para a visita dos bons espíritos. Tentar subtrair-lhes a identidade, em paranoica mania de quem sempre se vê ameaçado por mistificações, é dar início à obsessão. Veja-se o conteúdo das mensagens, na certeza de que uma árvore boa jamais dará maus frutos.

Um espírito pode simultaneamente psicografar por um médium e usar a psicofonia por outro?

Quanto mais puro é o espírito, mais o seu pensamento irradia e se difunde como a luz. Os espíritos inferiores são mais materiais, não podem responder a mais de uma pessoa de cada vez e não podem atender à vossa evocação, se já foram chamados em outro lugar.
Um espírito superior, chamado ao mesmo tempo em dois lugares, atenderá às duas evocações, se elas forem igualmente sérias e fervorosas. Em caso contrário, dará preferência à mais séria.

O Livro dos Médiuns – Allan Kardec
(Cap. XXV, questão 282, § 30)

TAL QUESTÃO VEIO à ênfase devido a sua ocorrência em uma das nossas reuniões. O dirigente espiritual do centro espírita em que trabalhamos aconselhava-nos por psicofonia, enquanto um outro médium psicografava uma mensagem de incentivo e encorajamento para o grupo, cuja assinatura era da mesma personalidade que se comunicava por outro instrumento. Há de se perguntar: o estilo das duas mensagens era o mesmo? O conteúdo estava compatível com o discurso do emissor, de antemão conhecido? Seriam confiáveis ambos os médiuns? Os videntes nada perceberam? Essas são providências primárias e a elas nos dedicamos em fase preliminar antes de qualquer julgamento. Tanto o discurso quanto o estilo eram semelhantes. A assinatura, a de sempre, e os médiuns, confiáveis, observando-se as limitações intelectuais e doutrinárias, uma vez que a vontade de servir se firmara em anos de dedicação.

Quanto aos videntes, nada perceberam, o que é perfeitamente natural, visto não se encontrarem no local, em reuniões específicas de preces e vibrações, armados contra embusteiros espirituais, quais aparelhos detectores de metal pesado e inferior. Aquele que desconfia de todo comunicante, facilmente entrará em paranoia. A vigilância aconselhada por Jesus não dispensa nem a confiança nem a previdência. Outrossim, o vidente não vê o que quer mas aquilo que se situa em sua faixa visual, determinada pela especificidade mediúnica e pelo seu estado evolutivo. O vidente, usado como auxiliar do doutrinador em consultas eventuais e de importância relevada, não deve tomar como suspeita, até que se prove o contrário, toda entidade que compareça à reunião. Deve ficar em prece e pedir a Deus que lhe inspire, por via intuitiva, a identificação fluídica ou mesmo de detalhes, e lhe aguce a percepção, tornando-o alerta contra as mistificações.

Passemos ao núcleo da problemática.

Um controlador de voo, em sua cabine, não se comunica com dezenas de outros, distanciados dele, por intermédio de ondas eletromagnéticas? Do seu posto de observação, dá ordens a dezenas de aeronaves, pondo-as a subir e a descer, a planar ou a derivar. Neste caso, o emissor é o controlador de voo; o receptor é o piloto; e o meio de comunicação usado, as ondas. Por semelhança, podemos tomar o espírito comunicante como emissor, o médium como receptor e o meio de comunicação as ondas mentais.

Pode-se argumentar que o controlador de voo só se comunica com um piloto de cada vez.

Isso só será verdade se cada piloto estiver em frequência diversa da torre, assemelhando-se apenas um deles, o que pode receber a mensagem. Se a frequência for a mesma para todos, todos os pilotos ouvirão a voz de comando do controlador. O mesmo vale para as comunicações mediúnicas. – *Mas seria um incômodo*, dirão alguns, *o médium ter que escutar as mensagens, a todo instante, por estar na frequência de um espírito qualquer*. Ocorre que, na reunião mediúnica, ele está com a *aparelhagem* ligada e, nos afazeres domésticos e profissionais, não. Por isso, as intuições, fruto da semelhança entre as frequências, só ocorrem rotineiramente nas reuniões mediúnicas. Nas andanças do dia-a-dia, os afazeres se constituem em ruído para a transmissão, que é abafada total ou parcialmente pela supremacia da missão que desempenhamos, tal como ocorre ao leitor que, absorvido no que lê, *escuta* mas não *ouve* a música que pôs a tocar para o seu deleite. Vale lembrar que, nos eventos de desobsessão, é a mensagem recebida e aceita, incorporada e vitalizada que faculta o elo e a tomada psíquica estabelecida entre obsessor e obsidiado, e que ela predomina sobre qualquer ideia do cotidiano pela persistência do obsessor na frequência do obsidiado.

Concluímos, então, que ambas as mensagens eram verdadeiras. A psicografia mecânica exigiu a presença do espírito junto ao médium para mover-lhe o braço. A psicofonia, efetuada telepaticamente, foi uma mensagem transmitida de onde o espírito se encontrava e captada pela mente do médium que a repetiu. Não houve necessidade de semelhança de frequência entre os médiuns, uma vez que, escrevendo mecanicamente por um, para o outro ditava uma mensagem, o que pode ser obtido sem essa coincidência vibratória entre os intermediários.

Esclarecido o episódio, sepultado foi o fantasma da mistificação que tantos melindres e mal-estar causa aos desavisados que adentram a mediunidade. A lição foi tida e absorvida como mais uma oportunidade de aprendizagem e de esclarecimento.

O MÉDIUM, DURANTE O TRANSE, PODE FICAR DESACORDADO? LEVANTAR-SE?

O médium experimenta as sensações do estado em que se encontra o espírito manifestante. Quando o espírito é feliz, seu estado é tranquilo, agradável, calmo; quando é infeliz, é agitado, febril e essa agitação se transmite naturalmente ao sistema nervoso do médium. Aliás, é assim com o homem na Terra: aquele que é bom mostra-se calmo e tranquilo; aquele que é mau está sempre agitado

O Livro dos Médiuns – **Allan Kardec**
(Cap. XXIV, questão 268, § 28)

O MANIFESTANTE TRANSMITE sempre ao médium as impressões que carrega. Se são penosas, o médium se agita, é tomado de pânico, parece sufocar, sente-se incendiado, debate-se e cai, como se desmaiasse. O comportamento do médium está na razão direta da sua educação e do tipo de impressão que lhe comunicam. Tenho assistido a médiuns que, por ocasião da comunicação de um suicida, parecem desfalecer, ficando imóveis sobre a mesa. O choque fluídico, concentrado sobre a testa e a nuca, é que promove o despertamento. Se o suicídio tiver sido por envenenamento, a provocação de vômitos acompanha a comunicação. Caso o intermediário não haja seguido o salutar conselho de não se exceder na alimentação, poderá expor o que traz no estômago. Se o suicídio tiver sido por enforcamento, segue-se a falta de ar e os esgares e, se foi por combustão, o mais comum são os movimentos convulsivos de quem quer apagar as chamas. Não existe comportamento padrão, no entanto. O ser humano reage diversamente diante da dor.

A regra é o comunicante transmitir sua carga emocional ao medianeiro. O que acontece a seguir é fruto da educação do médium e da influência do doutrinador.

Certa feita, um irmão desencarnado por força de hanseníase, moléstia que lhe amputou mãos e pés, comunicou-se, portando ainda as impressões de amputado. As mãos do médium se fecharam de modo a parecer cotos e seus pés se ergueram um pouco do solo, como se encurtadas lhe houvessem sido as pernas. No meio da conversação, procurei explicar-lhe que estava em nossa casa de oração para uma cirurgia que lhe traria de volta mãos e pés, sob os auspícios do médico Jesus de Nazaré. Que ficasse em prece que a cirurgia ia começar. O grupo passou à mentalização, no sentido de moldar seu perispírito na forma antiga, colocando-se favorável à extração de ectoplasma para o auxílio da modelação a ser empreendida pelos técnicos espirituais. Abri vagarosamente as mãos do médium e disse ao comunicante: – *Veja! Seus dedos estão formados. Faça um esforço para segurar minha mão.* Ele entrou em lágrimas. Este ato de observar as mãos do médium julgando serem as suas, favoreceu a retirada do bloqueio mental que portava, em virtude da cristalização da ideia da amputação que sofrera, aproveitando-se os técnicos dessa nova situação mental para trabalhar o perispírito em caráter de emergência. O mesmo lhe ocorreu aos pés. Passados alguns instantes de espanto e júbilo pela nova situação, ele me disse: – *Eu quero ficar de pé!* Vagarosamente, eu o levantei. Quis dar um passo e não conseguiu. – *É natural*, disse-lhe, *pois a musculatura das suas pernas ficou sem exercício por muito tempo. Vai precisar de recursos fisioterápicos.* Ele concordou. Dali os técnicos o levaram a um hospital na espiritualidade, crente de que estava curado, faltando-lhe apenas exercícios para os músculos.

Riquíssima é a experiência mediúnica. Ao entrar em

contato com espíritos saídos de masmorras, deformados perispirituais, vampiros, famintos e sedentos, suicidas, acidentados, obsessores, mentores, trabalhadores comuns, o médium retrata-lhes as emoções em cores fortes e gestos patéticos. Nessas situações, ele pode levantar-se, (e até ser atendido), desfalecer, imobilizar-se por indução hipnótica dos mentores sobre o obsessor, sentir-se baleado, esfaqueado, roído por vermes, sufocado, aliviado, feliz...

É a dinâmica da desobsessão, de cuja reunião são excluídas a monotonia e a rotina, pela infinita diversidade de eventos e emoções de que se reveste. Ali jamais alguém poderá dizer-se formado ou mestre, pois a aprendizagem é contínua e por demais complexa para uma simples existência.

Em uma reunião mediúnica, um espírito pode falar um idioma e ninguém entendê-lo?

Como já dissemos, os espíritos não têm necessidade de vestir os seus pensamentos com palavras. Eles os percebem e os transmitem naturalmente entre si. Os seres encarnados, pelo contrário, só podem comunicar-se pelo pensamento traduzido em palavras.

O Livro dos Médiuns – **Allan Kardec**
(Cap. XIX, questão 225)

DIZ ALLAN KARDEC, com muita propriedade, que ninguém, e ainda menos um espírito desencarnado de ordem elevada, pensa neste ou naquele idioma. Simplesmente pensa. E aquele que possuir percepções capazes de compreender seu pensamento entendê-lo-á naturalmente. Em outra ocasião, o mestre francês, reportando-se ao estudo dos fluidos, escreve: "[...] *criando imagens fluídicas, o pensamento se reflete no envoltório perispirítico, como num espelho; toma nele corpo e aí de certo modo se* fotografa. [...] *Desse modo é que os mais secretos movimentos da alma repercutem no envoltório fluídico; que uma alma pode ler noutra como num livro e ver o que não é perceptível aos olhos do corpo.*" (*A Gênese, os Milagres e as Predições Segundo o Espiritismo*. 33.ª ed., F.E.B., 1990. Trad. de Guillon Ribeiro. Cap. XIV, questão 15, p. 283)

Como é então que, sendo a maneira natural de comunicação no mundo espiritual a transmissão de pensamento e sendo o ato de pensar criativo em si, formando imagens que podem ser percebidas por outros espíritos, um desencarnado não consiga fazer-se entender para um médium com possibilidades de captação de mensagens desse teor?

É preciso que sejam atendidas as condições essenciais das comunicações mediúnicas: a afinidade fluídica e a sintonia vibratória. Mas, se tais condições existirem e o desencarnado não conseguir a transmissão, o que ocorre?

Nesse caso, é necessário analisar os pormenores da situação.

1. Em reuniões mediúnicas sérias, isso geralmente não ocorre devido à sua prévia programação pelos dirigentes espirituais. Tal comunicação seria perda de tempo, a não ser que o comunicante tivesse que passar por um choque anímico. Afora essa necessidade, não haveria motivo para que tal comunicação viesse a ocorrer, pois aqueles que coordenam os trabalhos saberiam das condições dos comunicantes da noite. Seria também faltar com a caridade para com os mais necessitados, que se veriam privados de atendimento. Nesse caso, os dirigentes primeiro fariam um treinamento com o espírito.

2. O pensamento cria imagens fluídicas, constrói cenários, objetos etc., mas, para isso, precisa de vontade e poder. Quanto mais evoluído o espírito, mais seu pensamento é poderoso em suas construções. Todavia, tais construções dependem da vontade firme e da persistência ou afirmação daquele pensamento construtor. Quando a entidade é inferior, incapaz de acionar as forças do pensamento, desconhecedora até da realidade criadora que lhe é peculiar, sente e age como um encarnado. Aqui, caminha pesadamente. Ali, comunica-se com a linguagem a que se habituou na última romagem terrena. Além do mais, nem sempre pensamos firme naquilo que falamos. Um homem pode chegar ao mercado e pedir um quilo de feijão sem estar formando a imagem mental do pacote pedido, por aquilo ter-se constituído em ato mecânico, sem esforço mental. No entanto, se este mesmo homem perde

a caneta e passa a procurá-la, o objeto tornou-se o centro de sua preocupação, sendo lógico que a sua imagem mental se destaque.

Somente um espírito inferiorizado poderá defrontar-se com uma situação em que não consiga fazer-se entender, o que é motivado pela sua ignorância. Nesse caso, os espíritos conseguiriam um intérprete para ele ou teriam de, captando suas ondas mentais, decifrá-las, transformando-as em mensagens.

3. Os médiuns treinados realmente recebem mensagens de espíritos de diferentes nacionalidades, através das vibrações do pensamento, aprendendo a distingui-las umas das outras com precisão. Yvonne Pereira cita que possuía amigos franceses, espanhóis, poloneses, russos, hindus, egípcios, e que todos falavam e escreviam pela sua mão, sendo distinguidos perfeitamente pelo seu *tom vocal* (vibração do pensamento), mesmo que aquele que falasse estivesse entre cem outros.

Os médiuns entendem perfeitamente e transcrevem o que dizem os espíritos, mas não sabem em que idioma falam. Sabem que o que recebem é aquilo que o espírito pensa, ou seja, que ele está falando a linguagem do pensamento, que, aliás, lhes é o meio de comunicação usual.

Acreditamos que, quando algum espírito não consegue comunicar-se com um médium em caráter inteligível, a razão se deve à sua alienação mental (estado patológico gerado por psicoses, hipnotismo, desregramentos etc., muito comum em reuniões de desobsessão) ou em virtude de sua inferioridade mental ou moral, sendo tal fato uma exceção à regra. Aqui, como em tudo, a lei do progresso se encarregará de efetivar a comunicação.

Constitui para o médium algum perigo visitar alienados mentais?

Como já disse, isso depende do estado físico e moral do médium. Há pessoas que devem evitar qualquer causa de superexcitação.

O Livro dos Médiuns – Allan Kardec
(Cap. XVIII, questão 221, § 4)

QUANDO NÃO SE tem controle, há perigo em tudo. No trânsito, na bebida, na comida, não havendo motivo para que seja diferente com a mediunidade, que pode oferecer algum perigo se aquele que a possui não a educa, única maneira de controlá-la. Se o médium se descuida dos aspectos éticos e morais da vida, as suas companhias espirituais passam a influenciar-lhe a conduta, dirigindo-o e lançando-o em viciações, onde se comprazem e se locupletam. Se um carro é uma arma fatal nas mãos do irresponsável, o médium também o é nas garras dos espíritos infelizes. Utilizando-o como fator de desarmonia, eles introduzem a discórdia no trabalho, a agressão na família e a antipatia em todo aquele que apresenta dissonância para com seus atos.

A mediunidade em si não é responsável por nenhum contratempo no caminho evolutivo do espírito. A sua neutralidade deve ser dirigida pelo senso moral de quem a possui, direcionando-se aos píncaros da glória ou aos pântanos da degradação. Por esta razão, todo e qualquer perigo que o médium venha a sofrer pela sua condição de sensitivo, terá, na ajuda espiritual de que se fizer credor, o amparo relativo ao bom ou mau uso da sua faculdade.

Baseado em tais conceitos, podemos afirmar que o perigo na permanência de um médium em uma casa de alienados mentais está na razão direta do seu despreparo físico, psíquico e moral. Se ele é frágil, impressionável, instável em seu humor, deve abster-se de tais visitas, visto que emocionalmente se desestabiliza e, nessas condições, pode encontrar sintonias que mais o perturbem, pela sua condição de antena viva.

Mas como pode uma simples visita a um enfermo mental desequilibrar um médium impressionável? Pela ambiência psíquica de qualquer hospital e, em particular, dos manicômios. O médium, podendo ver e ouvir o que se passa na ambiência espiritual, defrontar-se-á com figuras animalescas, com verdugos frios e agressivos, com cenas de violência e humilhação, com o sadismo, com a vampirização, além do cenário comum aos não dotados dessa faculdade. Se as sentinelas desencarnadas daquele obsidiado a que visita lhe notam a fragilidade, tanto pior para ele, caso não consiga um clima de prece que lhe favoreça, pelo menos, o afastamento do local sem maiores danos.

Um médium equilibrado não se perturba com tais cenas. É consciente de que os que ali se encontram estão submetidos à lei do carma e que nunca ficarão desassistidos pelos bons espíritos, que aguardam condições propícias para sua intervenção. Sabe manter um clima de calma através da prece e, sobretudo, não teme as agressões, o que desestimula uma sintonia pelo medo. Reconhece a sua condição de obreiro da caridade, onde a discrição não lhe permite vulgarizar a dor alheia, silenciando ante a degradação observada. Por que citar o que vê? Não é isso justamente um fator de agravamento para a situação, se feito inadvertidamente, quando os verdugos, sentindo-se descobertos e observados, mais abusam de suas vítimas, para que se lhes admirem as façanhas e respeitados sejam o seu poder e o seu domínio diante daquele que capitulou? E se o enfermo escuta? Não sentirá acanhamento?

O médium educado pode visitar qualquer antro de dor ou degradação humanas, sem envolver-se emocionalmente, no sentido de passar a viver o drama do enfermo, igualando-se a ele na necessidade de auxílio. O seu envolvimento deve ser através da caridade e da racionalidade na ajuda prestada, o que não deve ser entendido como frieza ou desinteresse pela dor alheia. A postura diante da dor é a de auxílio e não de pessimismo ou de afobação. Solidariedade diante do que sofre não significa sofrer com ele ou por ele mas buscar soluções para atenuar-lhe o sofrimento, dentro da nossa caridade racional, o que não nos isenta de também sofrermos por ele. Mas, em assim agindo, esse sofrimento terá sido pelo esforço de construção e não pelo desgosto da aflição.

UM MÉDIUM PODE DESENCARNAR POR EFEITO DE UMA COMUNICAÇÃO? NO MOMENTO EM QUE EXERCE A SUA FACULDADE, O MÉDIUM SE ACHA EM ESTADO PERFEITAMENTE NORMAL?

Às vezes se acha num estado de crise mais ou menos definido. É isso que o fatiga e é por isso que necessita de repouso. Mas, na maioria das vezes, seu estado não difere muito do normal.

O Livro dos Médiuns – Allan Kardec
(Cap. XIX, questão 223, § 1)

EM SE TRATANDO de reunião mediúnica séria, o máximo que presenciei foi o médium tomar-se de sudorese, alta taquicardia e vomitar violentamente. Ocorre que um suicida que há três dias houvera ingerido forte dosagem de veneno o acompanhara ao centro espírita, tornando-se imperiosa emergência atendê-lo.

Os espíritos que mais sofrimentos trazem aos médiuns, antes, durante e até após a comunicação são os suicidas. Quando os mensageiros espirituais, mesmo em se materializando o mais possível, não se fazem notados ou compreendidos por tais enfermos, tornando-se ineficaz a medicação que ministram devido aos pacientes permanecerem atordoados, semiconscientes e incapacitados para quaisquer aquisições de progresso pela inércia mental que demonstram, torna-se urgente despertá-los, através da revivescência pelas vibrações animalizadas a que se habituaram, para que entendam, através de ações e palavras humanas, o seu próprio estado.

Pesquisados e escolhidos os médiuns que os atenderão, o que aceitam por livre vontade, são minuciosamente examinados física e perispiritualmente, supridos em fluidos vitais de pura qualidade e corrigidos em suas deficiências e excessos, com vista a suportarem e dominarem as emanações agressivas dos seus futuros manifestantes, beneficiando-os com seus próprios fluidos vitais. Pode-se afirmar que a ligação fluídica entre médium e desencarnado se estabelece nesse instante, quando os técnicos harmonizam as correntes magnéticas em estreita afinidade entre enfermeiro e enfermo, determinando a combinação dos fluidos, tomando como base a atração simpática facultada pela vontade de servir e a necessidade de ser servido. A partir daí, o médium pode sofrer, em grau menor que o desencarnado, alguns dos seus sintomas, tais como forte depressão, acentuada amargura, náuseas, insônia, perda de apetite e dores localizadas, a depender do gênero do suicídio.

Mas é no momento da comunicação que todo o peso do sofrimento do suicida se transfere para o intermediário. Sentindo-se o infeliz novamente vivificado, chora, desespera-se, assiste novamente ao gesto ofensivo praticado contra si mesmo, sofrendo em toda a plenitude as dores dele advindas, levando as mãos aos órgãos lacerados como a querer repará-los. Grita e soluça como a querer voltar no tempo, demonstrando, através da máscara do desespero, o arrependimento tardio que mais o martiriza. Suas vibrações mentais enfermiças e descontroladas se insurgem contra as vibrações do médium e dos assistentes, canalizadas para esse mister, a fim de neutralizar e sobrepor-se às ondas nocivas emitidas pelo enfermo. Assemelha-se o evento a fortes ondas marítimas que se anulam pelo entrechoque, resultando, após o turbilhão, suave nivelamento a tomar o sentido das ondas mais fortes. É quando o enfermo, após passar para o médium as suas cargas viciadas, começa a assimilar os fluidos vitais do médium e dos mentores, que se traduzem em anestesiantes e tonificantes, qual transfusão sanguínea que fosse ministrada a moribundo prestes a desfalecer.

Não há como esconder que o médium absorve, qual filtro humano, as energias danosas do suicida, dela liberando-se em seguida, após o que oferece vigorosa doação de fluidos vitais de sua parte para o enfermo, sendo tomado de certo esgotamento momentâneo. Esse choque anímico é natural. Mas devemos lembrar que, antes da comunicação, o médium se satura de fluidos vitais e que os técnicos suprem toda deficiência que, porventura, venha a apresentar-se em seu complexo físico ou perispirítico. Por esta razão, a desencarnação em uma mesa mediúnica é uma probabilidade nula, não se tendo notícia de tal ocorrência na história do espiritismo no Brasil, garantia confirmada pelo perfeito acompanhamento técnico e espiritual em qualquer comunicação séria.

Fora da mesa mediúnica, nos casos de obsessão grave, os suicidas podem oferecer perigo tanto para encarnados quanto para desencarnados não precavidos através de suporte mental disciplinado no bem. Ao permanecer o suicida junto de alguém que possua tendências à depressão ou ao suicídio, a contaminação é inevitável e o suicídio provável, sendo este efetuado até mesmo de maneira inconsciente, pelo estado de loucura a que a vítima é levada pela proximidade ao enfermo.

A uma criança que não tiver assistência espiritual adequada ele pode causar um mal súbito.

Mas sosseguemos. Os suicidas são recolhidos ou encaminhados por suas próprias vibrações a locais específicos junto aos seus iguais. Constitui exceção um que seja utilizado por obsessores para induzir terceiros ao suicídio.

Se algum médium recusa o trabalho, com receio de sofrer por amor a Jesus, por certo está longe dos primeiros cristãos, que se entregavam em sacrifício por esse mesmo amor.

Se hoje, fora da exigência de tamanho suplício, o cristão negligencia, é justo pensar que a sua coragem diminuiu, seu amor arrefeceu e a sua caridade ficou no passado. Se não existe maior amor do que o daquele que dá a vida pelos seus irmãos, ao repelirmos qualquer incômodo pela negação ao serviço mediúnico, estaremos negando esse amor, fundamento do espiritismo, que tem em Jesus seu mestre maior, encarnação do amor, o qual viveu, padeceu e deu a vida por todos nós.

Na Bíblia, há casos de mediunidade?

Os espíritos podem comunicar-se espontaneamente ou atender ao nosso apelo, isto é, ser evocados.

O *Livro dos Médiuns* – Allan Kardec
(Cap. XXV, questão 269)

CANTANDO O VELHO e ultrapassado refrão que cita as proibições de Moisés contidas no Êxodo, no Levítico e no Deuteronômio, vários teólogos e numerosos detratores do espiritismo tentam fazer crer a todos que a comunicação com os mortos foi proibida por ser malévola, já que negá--las ali é impossível. Dizem até que Satanás se disfarça e engana os médiuns nas sessões espíritas. Ora, se Satanás é tão bom ator assim, não poderia igualmente disfarçar-se em vigário ou em pastor e contaminar todo um rebanho não espírita? Por que será que, nas cabeças desses religiosos dogmáticos, Satanás só gosta de espiritismo? Todavia, Moisés condenou o comércio das coisas santas e a atuação de magos, feiticeiros e adivinhos, prática inexistente no espiritismo. Os judeus buscavam tais personagens por motivos pueris e, em assim fazendo, renegavam a fé em Deus, onde tudo deve ser buscado aliado ao esforço próprio de cada um. Os que se deixavam fascinar pelos sortilégios excluíam-se da diretriz do Deus único, passando a imitar os povos acostumados à idolatria, e isso Moisés não admitia. Mas, ele próprio grande médium, não recebeu os dez mandamentos, através de escrita direta ou, quiçá, de psicografia? Séculos após a sua morte, no episódio descrito pelos evangelistas como *transfiguração*, ele e o também desencarnado Elias não conversavam com Jesus? Por acaso isso não seria comunicação com os mortos? Como essa comunicação envolveu os dois maiores expoentes da religião judaico-cristã, Jesus e Moisés, não poderia estar incluída na esfera das proibições, por ser um fenômeno natural, benéfico e necessário aos dois mundos. Isso reforça o nosso raciocínio da proibição de Moisés estar restrita aos abusos das negociatas com os espíritos que não eram da parte de Deus, pois também consta na Bíblia o conselho para não se acreditar em todos os espíritos, devendo-se antes certificar-se se procedem de Deus. (*I João*, IV: 1)

Claro, lógico e evidente que João não proibiu as comunicações, mas, sabiamente, aconselhou prudência na escolha dos comunicantes. E assim procedeu Jesus, escolhendo Moisés e Elias.

Episódio de clareza ofuscante nesse sentido (de que a consulta a oráculos, videntes e pitonisas era rotina na Antiguidade) lê-se em *I Samuel* (IX: 9): *Antigamente em Israel, indo alguém consultar a Deus, dizia: "Vinde, vamos ter com o vidente; porque ao profeta de hoje, antigamente se chamava vidente.* Mais à frente, lê-se em *I Samuel* (XXVIII: 8-12): *Saul [...] foi à pitonisa de Endor, disfarçado, e lhe disse: Rogo-te que me adivinhes por meio do espírito e me evoque quem eu te disser. A mulher lhe respondeu: Tu sabes o que fez Saul, que exterminou do país os nigromantes e os adivinhos; por que, pois, armas uma cilada à minha vida, para levar-me à morte? Mas Saul lhe jurou pelo Senhor, dizendo: Tão certo como vive o Senhor, nenhum castigo te sobrevirá por isso. Então lhe disse a mulher: Quem te devo evocar? Respondeu Saul: Evoca-me Samuel. Mal a mulher viu Samuel, lançou espantoso grito e disse a Saul: Por que me enganaste? Tu és Saul.*

O episódio é bem conhecido e mostra que, naquele instante, o rei Saul não teve dúvidas em solicitar de Samuel um conselho para a batalha que logo mais enfrentaria. Os opositores do espiritismo, férteis em desculpas infantis, dizem que, por causa dessa consulta, Saul foi castigado e perdeu a guerra. Reforçamos aqui que quem persegue a verdade sempre encontra um meio de encontrá-la, e quem tem medo desse luminoso confronto sempre arranja uma desculpa para evitá-lo.

Aos que hoje chamamos *médiuns*, chamavam profetas antigamente. Ao que se batizava de milagres, diz-se hoje *efeitos de causas naturais*, explicados pela atuação perispirítica e pelo estudo dos fluidos. Se, em uma das paredes do palácio do rei Baltazar, uma mão materializada fez uma inscrição na parede (*Daniel*, V: 24-28), com o médium Henry Slade isso se tornou banal. Se o maná alimentou os israelitas no deserto, transportado, segundo supomos, pela mediunidade de Moisés e de outros anciãos, esse fenômeno de transporte vulgarizou-se com as experiências de Zöllner com Madame D'Espérance. Os fenômenos luminosos, as aparições, as vidências comuns na Bíblia foram por demais pesquisadas e comprovadas por sábios do mundo inteiro. William Crookes, por quatro anos, aprofundou-se cientificamente nas materializações, movimentos de corpos pesados sem esforço mecânico, fenômenos de percussão sem contato, aparições luminosas e outros do mesmo gênero, chegando à conclusão de que todos esses fatos eram reais e explicáveis com a atuação de inteligências desencarnadas.

Os sonhos, os pressentimentos, os avisos, as aparições de anjos, eventos comuns na Bíblia, fazem parte do cotidiano do cidadão moderno chamado de vidente ou clarividente, faculdade comprovada cientificamente pela parapsicologia de Rhine. Chamam-se aos anjos, na atualidade, espíritos, Bons espíritos, que, em todas as épocas, se preocuparam com os seus protegidos e com o bem geral do planeta. Como foram humanas as personagens que escreveram e vivenciaram os fatos bíblicos, a mediunidade não poderia estar ausente na grande maioria deles, visto ser ela uma faculdade humana. Não é justamente a mediunidade a porta de acesso ao mundo espiritual? E não é este que sobrevive, direciona, acompanha e inspira os pobres mortais chumbados ao solo? Se somos espíritos, embora temporariamente encarnados, por que deveríamos ficar ilhados na matéria, marginalizados, sem acesso à cultura espiritual, exilados, sem comunicação com as nossas origens?

A Bíblia confirma os fatos mediúnicos, embora alguns teólogos retrógrados neguem essa realidade.

A mediunidade em Jesus era sumamente refinada. Desde os efeitos físicos (transformação de água em vinho); a levitação (caminhando sobre a água); a clarividência (pesca milagrosa); até suas numerosas curas evidenciam a superioridade do seu espírito como intermediário entre Deus e os homens.

Jesus considerou que aquele que tivesse fé faria maravilhas como ele, uma vez que a fé, como instrumento da vontade firme, é um poderoso auxiliar no intercâmbio entre os planos humano e divino.

Mediunidade é o meio que Deus nos concedeu para estarmos mais próximos dele, através de seus auxiliares. Que nos confirmem os primeiros cristãos essa afirmativa, quando recorriam ao espírito santo, ou melhor, aos espíritos santos.

A comunicação com o mundo espiritual não é profanação, uma vez que os espíritos comparecem espontaneamente e de bom grado às reuniões; alguns, para ajudar; outros, para serem ajudados; todos conscientes de que, em tais reuniões, impera o respeito, a caridade e a disciplina, que se deixam supervisionar pelo amor fraternal.

Quem quiser comprovar tal assertiva, que se torne digno da doutrina e nela adentre, sem preconceitos que tolham as experiências.

Com que idade o médium deve deixar de trabalhar em reuniões mediúnicas?

Vê-se, pois, que o problema da idade está subordinado tanto às condições do desenvolvimento físico, quanto às do caráter ou amadurecimento moral.

O Livro dos Médiuns – **Allan Kardec**
(Cap. XVIII, questão 222)

ESSA PERGUNTA FOI formulada ao Chico Xavier, por um médium ansioso por aposentadoria em seu mediunato. Emmanuel, que a tudo assistia, presto respondeu: "Chico, diga a ele que o mais velho de todos é Deus, e ainda não está aposentado".

Reforçamos aqui uma outra resposta, nesse final de conversa, pois extensa foi a pesquisa, elaborada no sentido de tornar o entendimento da mediunidade mais acessível. Esta foi endereçada a Kardec, quando indagou ao espírito de Verdade sobre o limite do trabalho: "É o limite das forças", o que quer dizer que, enquanto o homem tiver condições de mobilidade e raciocínio, deve trabalhar pela sua evolução moral-intelectual.

É lembrete evangélico que Deus não põe fardos pesados em ombros frágeis. Demonstra a natureza que tudo trabalha até seus últimos alentos. Uma folha fabrica fotossíntese até que caia amarelada pelo tempo. Nas últimas gotas de lama dos rios, mesmo poluídos, seres vivos microscópicos tentam sobreviver até a morte.

O homem tem mudado radicalmente a face do planeta pelo trabalho, embora seus frutos não sejam distribuídos com generosidade. No plano espiritual, onde as limitações materiais estão geralmente ausentes, o trabalho é incentivado e duplicado conforme as aspirações e as condições de quem o executa.

Por que alguém no Centro Espírita, médium ou não, se ausentaria de suas tarefas em pleno vigor físico? O trabalho mediúnico deve continuar a ser exercido tendo como limite as forças e a lucidez.

O primeiro a beneficiar-se do contato com a luz é aquele que a faz brilhar. Não consta nos ensinamentos espíritas que os espíritos tenham discriminação com os mais velhos. Esse é o procedimento de encarnados que, motivados pela cobiça, despedem, ou não contratam em suas fábricas pessoas maduras, quando mais poderiam contribuir com ideias e experiências.

Valorizemos a maturidade e a velhice, pelo tanto que já fizeram e pelo muito que ainda podem fazer com seus conselhos e sua força. Quando alguém exclui os mais velhos ou os discrimina em qualquer campo de atividade, está abrindo imenso fosso entre si e os abrigos que o protegeriam mais tarde, posto que todos envelhecem.

É preferível e mais fácil sermos encontrados com maior presteza pelos amigos espirituais, quando de arado nas mãos. Por isso não negligenciemos. A oportunidade de serviço é o caminho mais curto para a nossa redenção espiritual. Que não impressionem negativamente a ninguém os cabelos brancos de outrem; basta que se procure adequar cada função às condições do executante, e o comboio não sairá dos trilhos.

Esse texto é para meu velho amigo Ferreira, o "seu" Ferreira. Quando, ainda adolescente, ingressei nas reuniões de educação da mediunidade, já o encontrei atuante e disciplinado. Já se passaram trinta anos e ele continua firme em seu ideal de aprender e servir. Uma vez lhe perguntei em tom de brincadeira se com seus cinquenta anos de mesa mediúnica ele não pensava em aposentar-se. "Como?! Em espiritismo não tem aposentadoria." Foi a sua resposta.

E que Deus nos dê forças e coragem para ter no trabalho a inspiração maior de cada dia.

Despeço-me com a antiga saudação cristã: "A paz esteja contigo".

Até o próximo livro.

Luiz Gonzaga Pinheiro

VOCÊ PRECISA CONHECER

André Luiz e suas revelações
Luiz Gonzaga Pinheiro
Estudo • 14x21 cm • 184 páginas

Ao longo da série *A vida no mundo espiritual* a alma humana é profundamente dissecada. Como cada livro trata de um tema individual, Luiz Gonzaga Pinheiro escolheu 20, desdobrando-os e aprofundando-os para que cheguem ao entendimento do leitor sem muito tempo para pesquisa ou sem afinidade com a ciência.

Doutrinação para iniciantes
Luiz Gonzaga Pinheiro
Doutrinário • 14x21 cm • 256 páginas

Criada e desenvolvida por Allan Kardec, a doutrinação espírita é usada para conduzir à luz os espíritos desencarnados. Antes muito voltada aos espíritos obsessores, hoje a doutrinação se destina a todos os espíritos. Neste livro, Luiz Gonzaga Pinheiro retoma o assunto que, em suas palavras, é "uma das mais belas tarefas da casa espírita", mas também "uma das mais difíceis de executar".

Suicídio – a falência da razão
Luiz Gonzaga Pinheiro
Estudo • 14x21 cm • 216 páginas

Por qual razão alguém se acha com o direito de agredir a vida? Todo aquele que atenta contra a vida comete um crime brutal contra as leis de amor instituídas por Deus. Nesta obra, Luiz Gonzaga Pinheiro analisa o suicídio sob diversos aspectos, sempre tentando desconstruir a ideia da sua prática, enfatizando o erro fatal que é a sua realização.

VOCÊ PRECISA CONHECER

Mediunidade para iniciantes
Luiz Gonzaga Pinheiro
14x21 cm • 184 páginas

A possibilidade de comunicação entre vivos e mortos é um tema que interessa a cada um em particular. Este estudo que Luiz Gonzaga Pinheiro nos apresenta é fundamental para os que desejam se informar sobre o que significa a mediunidade, tornando-nos mais aptos a perceber os seus sinais em nossa vida.

Diário de um doutrinador
Luiz Gonzaga Pinheiro
14x21 cm • 216 páginas

É obra que enfoca, através de relatos sintéticos e de fácil assimilação, a realidade de uma reunião de desobsessão. São narrados fatos reais, onde a necessidade de conhecimento doutrinário, da aquisição da disciplina moral e mental são indispensáveis. Recomenda-se como livro obrigatório para médiuns, dirigentes e doutrinadores em centros espíritas.

O perispírito e suas modelações
Luiz Gonzaga Pinheiro
Doutrinário • 16x22,5 cm • 352 páginas

Com este trabalho o autor vai mergulhar mais fundo no fascinante oceano espiritual. Obra imperdível para conhecer sobre o perispírito, suas modelações e os reflexos das atitudes no corpo espiritual. "Uma notável contribuição para o espiritismo brasileiro", no dizer do escritor Ariovaldo Cavarzan

VOCÊ PRECISA CONHECER

Peça e receba – o Universo conspira a seu favor
José Lázaro Boberg
Autoajuda • 16x22,5 cm • 248 páginas

José Lázaro Boberg reflete sobre a força do pensamento, com base nos estudos desenvolvidos pelos físicos quânticos, que trouxeram um volume extraordinário de ensinamentos a respeito da capacidade que cada ser tem de construir sua própria vida, amparando-se nas Leis do Universo.

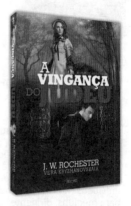

A vingança do judeu
Vera Kryzhanovskaia | Rochester (espírito)
Romance mediúnico • 16x22,5 cm • 270 páginas

O clássico romance de Rochester agora pela EME, com nova tradução, retrata em cativante história de amor e ódio, os terríveis fatos causados pelos preconceitos de raça, classe social e fortuna e mostra ao leitor a influência benéfica exercida pelo espiritismo sobre a sociedade.

Getúlio Vargas em dois mundos
Wanda A. Canutti | Eça de Queirós (espírito)
Romance mediúnico • 16x22,5 cm • 344 páginas

É uma obra que percorre importantes e polêmicos fatos da História, da época em que Vargas foi presidente do Brasil. E vai além: descreve seu retorno ao plano espiritual pelas portas do suicídio; o demorado restabelecimento das forças e da consciência, até ser capaz de analisar o encadeamento dos fatos de sua última trajetória terrena, intimamente relacionados com amigos e desafetos de tempos imemoriais.

Não encontrando os livros da **EME** na livraria de sua preferência, solicite o endereço de nosso distribuidor mais próximo de você através de
Fones: (19) 3491-7000 / 3491-5449
(claro) 9 9317-2800 (vivo) 9 9983-2575
E-mail: vendas@editoraeme.com.br – Site: www.editoraeme.com.br